# 思い通りにならない恋を成就させる54のルール

ぐっどうぃる博士

講談社+α文庫

# はじめに

僕の知るほとんどのテクニックや駆け引きが載っているという意味で、この本はとてもおすすめです。

この本は、男性の僕が、専門分野である生命科学的な視点に立ち、これまで推定5000人以上の女性から恋愛相談を受け続けた経験、僕がこれまで書いた6冊の本、自分の体験や男性たちの意見や観察をもとに作られた、ほとんどすべての女性向けに、ほとんどすべての男性を思い通りにするために書かれています。

多く（あるいは一部）の恋愛ルールブックと異なり、自分の見た目に自信がなくても、それほど若くなくても、相手が消極的でも、あなたに興味のない男性が相手でも、それに合った〝恋を成就《じょうじゅ》させる〟ルールを紹介します。

また、この本は自分の読みたいところから読めば、さしあたり何をすればいいかがわかるように作ってあります。その中でさらに必要なルールがあれば、「Ｒｕｌｅ◯」

を参照というように書いてあり、すぐに応用できるように工夫しました。Rule1から順番に読み進めると、恋愛をうまくいかせるためにはどうすればいいかの基本的な理解が深まります。いっぽう、後半はさまざまな問題に答えています。「今すぐ何とかしたい！」と考えている女性は、目次を見て、まず興味のあるルールを読むといいでしょう。たとえば、復縁したい、セフレから脱却したい、両思いになりたい、不倫から抜け出したい、彼に結婚を決意させたいなど、さまざまな問題の解決法を提案しています（ちなみに、ルールは後半にいくほど個々の問題となっていき、学ぶべき順番はなくなります。したがって、並んでいるケースの順序に意味はありません）。

あなたが今この本を立ち読みしているなら、自分が困っているところだけ読み、書いてあることに納得できたり、実践できそうだと感じたりすれば、この本は買う価値があります。

いっぽうで、この本を読んでも、まるでピンとこないなら、この本は買わないほうがいいと思います。たとえば、この本では「ポジティブシンキングでいけばうまくいく」とか「願いはいつか叶《かな》うよ」というような内容はほとんどありません。

また、この本に癒《い》やしの要素は含まれていません。そのような本を求めている方には合っていないかもしれません。男性を思い通りにするため、あなたが二度と恋で泣かないためのルールが書かれているのです。

さて、次にルールブックの性質に関して述べます。ルールブックはいわゆるマニュアル本と同じで、誰にでもわかるものでなければなりません。本の名前は忘れてしまいましたが、コンビニの従業員が読むマニュアルのすばらしさを示す文章を読んだことがあります。そこには、「お客さんが困っているなら、それを察して、進んでお客様を助ける」というのが接客の原理だとすれば、マニュアルはもっとずっとわかりやすい、と書かれています。

マニュアルでは「レジにふたり以上の客が並んだら、もうひとりが商品を袋に詰めるなどしてレジのスピードを速める」と書かれているのです。マニュアルを読んでいる人は、このように頭をまったく使わずに、誰にでもわかる「ふたりの客が並んでいる」という事実をもとに、本の通りの具体的な行動を起こせばいいのです。これがルールブックやマニュアルのすごさです。

いっぽうデメリットは、レジにひとりしか客がいなくても、もしその客がたくさん荷物を持っていたら、レジを助けたほうがいいのにそれができない。つまり応用がきかないわけです。またお客さんが困っている事態はさまざまな局面であるでしょうが、マニュアルやルールブックはすべてをカバーできません。書いた人にとって不測の事態やレアケースには対応できないのです。ルールブックの本の厚さで書けることにも限界があるでしょう。たとえばこの本では恋愛における同棲に関するルールは省《はぶ》きました。

このルールブックが、誰にでも応用できるほどわかりやすく書けたかどうかわかりません。でもそれがわかりやすければわかりやすいほどほかのルールブックと同様、不測の事態が起こるのです。僕がこれまでルールブックを書かなかった理由はここにあります。

ですが、言えることは、それでも何も知らないよりは、知っているほうがずっと上手くいくということです。

また、原理はいつでも理解に苦しみ、「じゃあ具体的にはどうすればいいの？」という疑問が残ります。そして多くの人は、表面的なテクニックや簡単な原理の解説から、徐々にその深みを知っていくものです。

もし、あなたが、この本を読んで、もっと深く原理を知りたいと思ったら、僕のほかの著書を読むことをすすめます。

どうか、この本を読み、あなたの恋愛がうまくいくよう応援しています。

ぐっどうぃる博士

●思い通りにならない恋を成就させる54のルール――目次

はじめに　3

## 第1章　〝オトコ〟という生き物を理解する

Rule1　男＝性欲に支配される生き物　14
Rule2　男は女を「セックスの対象」か「それ以外」に一瞬で分別する　17
Rule3　男の恋愛は見た目から始まる　20
Rule4　男にヒーローや聖人はいない！　23
Rule5　男は「子孫繁栄」と「自己の維持」で女性を評価する　26
Rule6　男は〝自分の完全なる味方〟を常に求めている　29
Rule7　男は〝手に入ったもの〟のことは忘れてしまう生き物　32
Rule8　男は価値観を認められ、尊敬されたいと思っている　35
Rule9　男はいつだって「女性に喜ばれたい」と思っている　38

Rule10 彼の劣等感を活用すれば「特別な女」になれる 41
Rule11 男は「過去の恋愛上の失敗」をふまえて新しいパートナー選びをしている 44
Rule12 男の言葉にはあなたを操る意図がある 47
Rule13 あなたとつき合ってくれない男の「つき合えない言い訳」を信じるな 50
Rule14 友達から恋人に進展しないのは彼にそうする気がないから 53
Rule15 男が別れを決意する大きな3つの理由 57
Rule16 かかわると必ず苦しめられる〝要注意男〟のパターンを知り、警戒せよ 61
Rule17 恋愛に積極的でない「草食系男子」の〝受け身戦略〟に惑わされるな！ 64
Rule18 〝押せ押せ〟を恋愛戦略として持つ「肉食系男子」の恋愛パターン 72

## 第2章 自分自身の行いを正す

Rule19 出会ってすぐにジャッジを下すのはやめるべし 78
Rule20 狭い常識にとらわれると素晴らしい出会いを見逃す可能性大 81
Rule21 見返りを求めない〝無償の愛〟は確実に効く 84
Rule22 男の本気を引き出すために〝女からの告白〟はやめるべし 87

Rule23 自分の感情がコントロールできれば彼の心もぐっと近づく！ 90
Rule24 とるべき恋愛戦略は時間とともに変化すると心得よ 93
Rule25 好きな彼と共通の知人に彼への恋心は絶対打ち明けるな！ 96
Rule26 「自分が動かせるのは自分だけ」と知れ 99
Rule27 美人と言われるのに彼ができないあなたには〝男をなえさせる〟原因がある 102

## 第3章 駆け引きの極意を知る

Rule28 〝小悪魔〟と〝天使〟の使い分けが恋愛上級者への道 108
Rule29 自分を好きかどうかわからない彼の心の裏に隠された〝距離の法則〟を知るべし 113
Rule30 自分のことが好きそうなのに誘ってこない彼の心理とは 117
Rule31 彼の行動と言葉を分析すれば本音が透けて見える 121
Rule32 彼の気持ちを引きつけてやまないのは「一貫した行動」と「ギャップ」 124
Rule33 うまくいかない恋にイライラしても「決別宣言」や「告白して玉砕」をするな！ 127

## 第4章　彼を手に入れるためにとるべき行動

Rule34　理想の恋愛を手に入れるには、まず商品としての自分の価値と売りを知ること　132
Rule35　相手を深く知ることが攻略の第一歩。詳細なプロファイリングを行うべし　137
Rule36　恋の駆け引きの第一歩は自分が彼の恋愛対象内か否かを見きわめることから　144
Rule37　外見から「恋愛対象外」になってしまったあなたが彼を夢中にさせる方法　147
Rule38　彼の頭の中に「恋愛回路」を作り、あなたへの恋心を燃えあがらせろ！　151
Rule39　男の気持ちが盛り上がる「手に入りそうで入らない距離」の作り方　154
Rule40　好きな彼を手に入れるためにあなたと彼を主役にした〝シナリオ〟を制作せよ　165
Rule41　恋愛の駆け引きを有利に進めるために自分から彼を誘うのはやめるべし　173
Rule42　ファーストデートの目的は「次につなげること」　176
Rule43　ケータイを効果的に活用して彼の恋のテンションをグンとアップ　179
Rule44　誕生日、クリスマス、バレンタインデー……〝特別な日〟を使って有利な展開に持ち込むワザ　182
Rule45　自分の行動パターンを把握し予想外の行動をとることで彼を引きつけろ　187

## 第5章　状況別彼を手に入れる実践テク

Rule46　何度アプローチしても手ごたえのない彼を振り向かせるにはまず〝沈黙〟することから　196
Rule47　半年間の沈黙期間が終わったら「好き」がにじみ出ないメールを送信　202
Rule48　外見も内面もバージョンアップさせ彼のハートをガッチリつかめ！　207
Rule49　長期間つき合っている煮え切らない彼に結婚を決意させる方法　210
Rule50　セックスはしているのにつき合ってくれない！　セカンドから本命に昇格するテクニック　215
Rule51　つき合っている彼が最近冷たいなら距離感を調節して愛情を取り戻せ　222
Rule52　タイプ別復縁の方法1〜彼にダメ出しをしすぎたあなた〜　231
Rule53　タイプ別復縁の方法2〜彼に尽くしすぎて飽きられたあなた〜　238
Rule54　タイプ別復縁の方法3〜彼に結婚を強く迫ったあなた〜　241

おわりに　247

# 第1章　〝オトコ〟という生き物を理解する

## Rule 1 男＝性欲に支配される生き物

男はみんなエッチなものです。

アプローチしてくる男は全員「あなたとセックスしたい」と強く思っています。恋愛経験の少ない男の中には、そのことに気づかず、「あなたを心から愛している」と勘違いしているケースもあるのですが。

男の性欲と女の性欲は、性質が違います。

まずは、このことを理解しておく必要があります。

女性は「優秀なひとりの男性に愛され続けたい」と思います。いっぽう男は「イイ女とにかくセックスしたい」と考えます。

これは極端に言えば「男は自分の遺伝子を効率よく残すのに性交だけを考えればいいから」でしょう。それを達成すれば次のイイ女との性交となるわけです。

そのため、多くの男は、狙った女性とセックスをするためなら努力を惜しみません。

男女関係における男の感覚は、〝セックスがゴール〟なのです。

いっぽう女性は、子を産み、育てなくてはなりません。そのため、男に守られ、ケアされたいと思います。これが、女の本能なのです。ですから、体の関係を持つとその相手をより好きになり、どんどん深くのめり込んでいきます。

女性にとって、〝セックスはスタート〟なのでしょう。

このセックスのとらえ方の違いが、男と女の間にできる溝の理由のひとつだと思います。

ここでひとつ、あなたにアドバイスをしましょう。これは、相手の年齢や性格にかかわらず、絶対的な事実です。

どんなに言い寄られても、すぐに体を許すのはＮＧ。

なぜなら男は、愛情のない女性とでも、セックスができる生き物だからです。出会ってすぐに、あなたを求めてくる男は、男本人が気づいていてもいなくても、単に性欲に動かされているだけ。

すぐにセックスができてしまうと、男は性欲が満たされてしまい、お腹がいっぱいになってしまいます。すると、その相手への興味が薄らいでしまうリスクが高まるのです。

恋を成就させたいなら、上手にじらすのがポイント。

逆に、性欲をうまく使えば、最初はあなたに気がなかった男を引きつける手段にも使えます。

男の性欲から来る口先だけの甘い言葉に振り回されず、上手に利用していくのです。それができれば恋で泣くことは少なくなるはず。

これから、その具体的な方法をお伝えしていきましょう。

♥格言♥

**甘い言葉は「ヤリたい願望」の表れ。流されずに、逆に利用してしまえ！**

Rule 2

# 男は女を「セックスの対象」か「それ以外」に一瞬で分別する

男は女性と出会った瞬間、相手を〝セックスの対象〟か〝対象外〟かに振り分けています。

あなたとセックスをしたいかしたくないか、一瞬で無意識に分別しているのです。

これは、恋愛対象になるかならないか、と言いかえてもいいでしょう。

なぜならば、男にとって恋愛＝セックスだからです。

もちろん、一緒にいるときの居心地のよさ、楽しさ、相手に対する尊敬や気持ちの分かち合いなども、大切な恋愛の要素ではあります。

それでも、特に恋愛の初期段階の男にとって、セックスの重要度はとても高いのです。

残念ながら、一度「セックスの対象外」とされた女性は、いったん男の心から消えてしまいます（ただし、完全に恋の望みが消えたわけではありません。対象外には、対象外の方法があるのです。具体的なテクニックはＲｕｌｅ37を参照してください)。

いっぽう「セックスの対象」ととらえた女性のことは、出会いの瞬間から気になり始め、場合によってはアプローチを始めます。何かと話しかけたり、メールを送ってみたり、電話をかけたり……。軽く接触してみて、自分がその女性を落とせそうかどうかを探るのです。

ここで手応えを感じたら、さらに積極的にデートに誘う、口説くなどの行動に出るでしょう。

ただしこのときはまだ、あなたを好きだとは限りません。相手を「性の対象」としてとらえているだけで、「ヤリたい女の中のひとり」としか考えていない場合もあります。

その場合、この段階であなたが体を許すと、男の気持ちは冷《さ》めてしまうでしょう。

多くの女性がおかす間違いが、この〝性欲にかられた〟男の行動を、〝自分に対する愛情〟と勘違いしてしまうこと。「愛されている」と思い込み、簡単に心や体を許してしまうのです。

セックスをしたことで男が自分により夢中になると考えたり、安定したつき合いが始まると思ったりしてしまうのは、女性にとっての悲劇の始まり。

男を本気にさせるためには、〝その他大勢のヤリたい女のひとり〟から、〝たったひとりの女〟になる必要があるのです。

ここで効果的なのは、なかなかセックスをさせないこと。

すると最初は単なる性欲だったのが、あなた個人に強く執着していくのです。

いっぽう、手当たり次第にヤリたいだけの鬼畜男は、あなたの前から消えていってくれます。

♥格言♥

「体を求められた＝愛されている」と考えるのは大きな勘違い

## Rule 3 男の恋愛は見た目から始まる

男は、本能的に女性の外見に強くとらわれるものです。

言いかえれば、外見がまず重要で、外見以外のことをさほど気にしない男が多い、ということ。若ければ若いほど、経験が少なければ少ないほど、この傾向があるようです。

よく女性誌などで、「男性が好むしぐさ」「男心をつかむ行動」といった特集をしていることがありますが、それらはあくまでも二次的なもの。

多くの男にとって、「女性は外見」が大前提なのです。

しぐさや行動を見るのは、外見にひかれてから。

まずは外見で〝恋愛対象〟に入り、その女性を意識するようになって初めて、「しぐさがかわいい」「いい匂いがする」というディテールに気づき、ポイントがプラスされていくのです。

外見にひかれなかった女性に対しては、しぐさや行動などに注意を払うことはほとんどありません。そこまで気持ちが回らないのです。

では、生まれつき容姿のおとった女性は恋愛ができないのでしょうか。

もちろん、そんなことはありません。

一般的には美しいと言えない女性でも、その男にとって「いいな」と思える場合があるからです。

男にはそれぞれ好みがあって、無意識のうちに「ここはゆずれないけど、ここはどうでもいい」といった自分の基準で相手を判断しています。

たとえば、「鼻筋が通っていないとダメだけれど、目は小さくてもいい」という人がいるかと思えば、「太っていて鼻が低くても目が綺麗ならＯＫ」という人もいます。

さらに「目が小さい女性が好きな男」「太っている女性が好きな男」「鼻が低い女性が好きな男」も存在します。

ただし容姿に自信がないからといって、女磨きをあきらめるのはＮＧ。ヘアメイクに気を配る、おしゃれをする、むだ毛の処理をするなど、できる努力はすべきでしょう。

必ず効果があるので、やって損はありません。

体型に自信がないなら、ダイエットもいいでしょう。

もちろん太った女性が好きな男はいますが、スリムな女性を好きな男のほうが、絶対数が多いからです。

素敵な男性に出会うためには、より多くの人から愛される努力をしたほうが効率がいいというもの。

どうしても無理ならば、「やせられないあなた」「外見に気をつかわないあなた」を好きな男を探す必要が出てくるでしょう。

♥格言♥

**男はビジュアル重視。**

**磨くほど恋が近づいてくる！**

Rule 4

# 男にヒーローや聖人はいない！

恋愛で失敗しがちな女性に多く見られるのが、男性を〝ヒーロー視〟する傾向です。

ヒーロー視とは、相手を美化してとらえてしまうこと。

「彼のように素晴らしい人はいない」「運命の相手だ」などと思い込み、相手を理想の男性と思い込むことです。

残念ながら、この世界にいるほとんどすべての男は、すべて普通の「どこにでもいる男」。「彼は今までの人とは違う」などという考えは、ほとんどみんな思い込みです。

恋愛経験の少ない、夢見がちな女性には、これがわかっていません。

男の性欲ゆえのやさしさを、自分に向けられた本当のやさしさだと勘違いしてしまうのです。

相手を美化すればするほど、相手の本性や本心は見えづらくなるもの。

その結果、簡単に体と心を許し、最後まで相手の思い通りに操られるハメになるのです。

女性にアプローチをするとき、男は基本的に、あなたにやさしく接してくることでしょう。

さらに自分が傷ついた過去の出来事をあなただけに打ち明けたり、夢を語ったりするかもしれません。

あなたの気を引くために、「ヒーローぶる」のです。

男は好きになった女性を手に入れるため、ひいてはセックスをするために、ふだんはしないような大胆な行動をとったり、クサいセリフを言ったりすることもあります。「お前を放っておけないから」と深夜に車を飛ばして迎えに来たり、病気のあなたを一日中看病してくれるかもしれません。

恋愛経験が少ない女性は、こうした甘い言葉や情熱的な行動をそのまま鵜呑《うの》みにし、「素晴らしい男性だ」と思い込んでしまうのです。人格的にも、行い的にも、「私史上ベスト」な男のように感じ、「とうとう理想の相手にめぐり合った」と考えてしまう。

こうして生まれた強い恋心は、さらにあなたの目を曇らせます。

はっきり言って、運命の相手など、この世にいないと僕は思っています。もちろん、そう錯覚することはあるかもしれません。

けれども、恋愛のほとんどすべては単なる執着であり、相手に対する強い恋心は、思い込みから来るもの、なのです。

幸せな恋をするためには、ロマンチックな雰囲気に心を動かされても、どこかで、目の曇りを取り払う必要があります。

相手を聖人化せず、ヒーロー視せず、「単なる男」と考える。

そこで初めて、その男の本当の誠実さや、モラル、本心が見えてくることでしょう。

♥格言♥

**ヒーローも聖人も運命の人もいない！**
**その思い込みが恋愛下手のもと**

Rule 5

# 男は「子孫繁栄」と「自己の維持」で女性を評価する

これまでのルールで、「男は女性の見た目にひかれ、セックスというゴールを目指す本能がある」ことを説明してきました。

これは、見た目のよい女性とできるだけたくさんセックスをし、自分の遺伝子を残す「子孫繁栄」の本能です。

ここでは一歩進んで、男が持つもうひとつの本能、「自己の維持」について考えていきましょう。これは簡単に言うと、「自分が生きやすい環境や状況を、無意識に求める」という本能のことです。

男が相手に居心地のよさを求めるのは、この本能のなせるわざ。癒やしてくれたり、やさしくしてくれたりする女性に、男は無意識のうちに好意を持つのです。

ですから、もしあなたが彼の「性の対象外」である場合、〝居心地のよさ〟を利用するといいでしょう。これを提供し続けていくと、恋愛対象と考えてもらえる可能性が出てくるのです。

人は誰かにやさしくされると、その行為に感動し、気持ちを引きつけられるもの。男は女性に居心地のよさを提供されると、無意識に「この人とつき合ったら幸せになれそうだ」と思うようになるのです。

そしてその気持ちが、恋心に変わることはよくあること。

映画やドラマの黄金パターンには、次のような図式がよく見られます。

「男が女性の片思いに気づかず、そのやさしさに甘えながらも別の女を追いかけている。しかしあるとき、自分が本当に好きなのは、そのやさしくしてくれた女性だったと気づく」というパターンです。

このときに気をつけなければならないのは、あなたが彼を好きなことを隠しとおすこと。

女性が自分を好きだとわかると、男は「俺のことが好きだからやさしくするんだな」と理解するからです。

そしてその瞬間から、あなたは「居心地のよさを与えてくれる女」ではなく、「俺のことを好きな女」となってしまいます。

すると、居心地のよさを感じるどころか、「好かれるためにやっている」という下心が見え、その行動が打算的に思えるのです。

しかも「恋愛対象外のあなたが、自分にアプローチしている」ということになり、その結果、あなたをうっとうしく感じるのです。

「好き」という態度を見せないように気をつけながら、彼にやさしく温かく接すること。性の対象から外《はず》されてしまった人は、このテクニックを試してみてください（具体的にはＲｕｌｅ37）。

もちろんこの手段は、恋愛対象内の女性なら、さらに効果があります。

♥格 言♥

**彼を振り向かせたいなら、「居心地のよさ」を提供せよ！**

Rule 6

# 男は〝自分の完全なる味方〟を常に求めている

人は、自分とかかわる人間を、敵か味方かに分けて考える生き物です。

これも、「自己の維持」の本能が働くからでしょう。無意識に、周囲の人を「こいつは敵だ」「こいつは味方だ」と振り分けることで、自分に対する相手の立場やかかわり方などを確認し、安心感を覚えるのです。

あなたも職場の上司や同僚、後輩などを、「敵」と「味方」に分けているのではないでしょうか。

もちろん、敵でも味方でもない人もいれば、仕事面では厳しいけれど、遊んでいる時は味方、という人もいるでしょう。

このように人々と自分の関係性を見積もり、納得することで、やっと人心地がつくというか、落ち着きを感じるのです。

この「敵味方選別」の本能は、会社に入社したてのころに感じる、必要以上の疲れにも関係します。

疲れる原因は、まわりにいる人が敵か味方かわからないから。

日々が過ぎるうちにだんだん周囲が見えてきて、「この人は嫌味なことを言うが害は与えない」「いいことを言うがライバル視している」といったように、選別できるようになるのです。

すると、誰に対してどんな態度で接すればいいのかがわかり、疲れなくなるわけです。

実はこの世界に、自分の完全な味方はほとんどいません。

なぜなら人はみな、「この人は、自分にどんなメリットやデメリット、リスクをもたらすか」という尺度で、相手を見ているからです。

ある部分では味方、ある部分では敵。ある部分では好意的で、ほかの部分ではウマが合わなかったりするわけです。

ですから心の底から気が許せて、ありのままの自分を受け止めてもらえる〝味方〟は、どの人にとってもとても貴重な存在になります。

あなたが彼の〝性の対象外〟になってしまったら、これを利用しない手はありません。

あなたが彼の性の対象外の場合、そのままでは、彼に「セックスしたい＝つき合いたい女性」と認識されることはないでしょう。

どんなに仲よく接していても、単なる同僚だったり知り合いだったり、女友達のひとりとしか見なされないのです。

そこからランクアップするには、彼の〝絶対的な味方〟になるのが一番。

そのような行動をとれば、彼の「恋愛対象リスト」にエントリーされる可能性が出てきます。

♥格言♥

**外見で選ばれなかったら〝唯一の味方作戦〟で彼をGET！**

## Rule 7 男は〝手に入ったもの〟のことは忘れてしまう生き物

人には、〝手に入らないものをほしがる〟という性質があります。

そして「手に入った」と思った瞬間に、その対象への興味が薄らぎます。いったん手に入ってしまえば、そのことを考える必要がなくなるため、存在を忘れてしまうのです。

私たちの脳は、「一度にひとつのことしか考えられない」という性質を持っています。ある物事をしゃべりながら、まったく別のことを考えられません。

そのため脳は、そのときに何を考えるべきかを、常に選んでいるのです。そして選考が終わったら、却下された事柄を忘れていくのです。

何かトラブルが発生したとき、人はその問題を忘れることができません。トラブルが解決されるまで、そのことが頭から離れないのです。

逆に言うと、「問題のない物ごとは忘れても大丈夫」ということになります。

というわけで、「人はすでに手に入れたもので、特に問題のないもののことを忘れてしまう」ようにできているのです。

つき合う前まではメールも電話も頻繁にくれたのに、つき合うことになったとたんにガクンと回数が減った……とは、よく聞く話。

これは、彼が、あなたが手に入った安心感から、あなたのことを忘れてしまったために起こります。

ほかに問題のある出来事、たとえばうまくいかない仕事や、手に入らないほかの女性などに関心がいき、それを第一優先で考えるようになるのです。

もちろん、あなたへの愛情が消えたわけではありません。「問題ない」と考え、安心して忘れているだけです。

ただし、その状態が長引けば、あなたのことが本当にどうでもよくなり、完全に忘れ去ってしまう危険性もあります。

「自然消滅」のような別れのパターンは、こうしたことから始まるといってもいいでしょう。

彼を手離したくないならば、相手のテンションを高いままにしておくのがポイント。そのためには、彼にあなたのすべてを手に入れさせてはいけないのです。

いっぽうで、「男は完全に手に入らないものはあきらめて、忘れてしまう」という事実もあります。

つまり男の心をとらえて離さないのは、「手に入りそうで入らない距離」なのです。

そんな存在になるためのテクニックを、Ｒｕｌｅ39でお伝えしましょう。

♥ 格　言 ♥

**世の中の男はほぼ全員、**
**釣った魚にえさをやらない！**

Rule 8

## 男は価値観を認められ、尊敬されたいと思っている

男はほぼ全員、「自分の価値観を認められ、尊敬されたい」と思っているもの。そうしてくれる女性を好きになります。

だから、彼の価値観や考えに理解を示し、心から尊敬し、ほめるのはとても大切。あなたがセックスの対象（恋愛対象内）であってもなくても、彼の〝オンリーワン〟になれるチャンスです。

このときに重要なのは、「彼の価値観をきちんと理解する」こと。

的《まと》外れな部分をほめたり尊敬したりしても、男はしらけるだけでしょう。理解者と思われるどころか、「俺のことをぜんぜんわかっていない」と思われ、引かれる危険性もあります。

重要なのは、彼のほめてほしいところをほめ、認めてほしいところを認めることです。

男というものは、それぞれが大人になるまでの間に培《つちか》ってきた、自分なりの人生戦略を持っています。

これを「サバイバルスキル」と僕は呼んでいます。

男の価値観、世界観を形作るものであり、男が人生を生き抜いていくために身につけた、能力や技術のことです。

たとえば、「仕事をがんばりながら、遊びにも手を抜かない」ことが、ある人にとってのサバイバルスキルかもしれません。

あるいは、「人とは違う個性的な洋服を着ること」がそうかもしれない。

この、彼のサバイバルスキルを知ることが、彼の価値観を理解することにつながります。

彼のサバイバルスキルを知るためには、彼の「他人批評」をよく聞くことが大事です。

たとえば、彼がチェーン系の居酒屋で酒を飲むサラリーマンを見て、「あんな店でまずい酒を飲んでよく満足できるよな」と言ったとしましょう。

この場合、彼は「大衆に知られていないスタイリッシュなバーでひとり、酒を飲む」

ことをサバイバルスキルとしているのかもしれません。それができるのが大人の男であり、かっこいい男だという価値観を持っているかもしれないのです。

こんなときはすかさず、「○○さんは普段どんなところでお酒を飲むんですか？」と質問をしてみましょう。

すると彼は、自分の、酒や「飲むこと」に対する考えを、生き生きと話し始めるはずです。彼はあなたとの会話が楽しくてたまらなくなり、「価値観が合う人だ」と思います。

これを地道に繰り返していけば、「彼のオンリーワン」に近づけるでしょう。

重要なことは、その価値観を心の底から認め、支持し、尊敬することです。

♥格言♥

**他人批評から彼の価値観をGET！的を射たポイントで大いにほめよ♪**

## Rule 9 男はいつだって「女性に喜ばれたい」と思っている

Ｒｕｌｅ８で述べたように、男は自分の能力、すなわちサバイバルスキルを、女性に認めてもらいたいと思っています。そして評価された場合は、みんなにひけらかしたいのです。

女性に自分のサバイバルスキルを認められ、ほめられれば、その女性に強くひかれるのが男。

「俺のサバイバルスキルは優れていて、女を引きつける！」と自信を持ち、幸せな気分になるのです。

女性に「すごい」「素敵」と言われてうれしくない男はいないと言っていいでしょう。

また、男が何かしてくれたことに対して女性が喜べば、男は幸せを感じます。

それは、「あなたのサバイバルスキルは私を幸せにする！」と言われているようなものだからです。

これをしっかりと覚えておけば、恋愛上級者への道は開けたようなもの。

男の優れているところは、惜しみなくほめてあげましょう。また、彼があなたに何かをしてくれた場合は、大げさなくらい喜ぶのも効果的です。

たとえば、彼がデートコースを組み立ててくれたとき。

「すごく楽しかった！」

「素敵なお店！」

など、大げさなくらい喜んでほめるのです。ただし、心からそう思い、ほめてください。

「どうしてこんなおしゃれな店を知っているの？　すごくおいしいし。今度、また来たいな！」

などと言われれば、

「そう？　適当に選んだんだけど」

と冷静に言いながらも、彼の心はうれしさで満ちあふれるはずです。

同時に、あなたへの好感度もグンとアップ。

男は、女性に尽くされるよりも、自分がしたことを相手に喜んでもらうほうがずっとうれしいのです。

女性が彼のしたことを喜び、感謝をすることで、彼は「自分の能力が認められた」と思える。それが快感となり、あなたへの気持ちを増幅することにつながるのです。

その場面を作るために、彼に何か頼んでみるのもいいでしょう。内容は、「彼にしかできないこと」がベストです。

これを適度に行えば、自然と彼があなたに尽くすようになるはず。

しかも、彼はずっと気持ちがよいので、あなたへの恋のテンションが高まっていきます。

♥格言♥

**男には尽くすよりもほめるほうがずっと愛される!**

## Rule 10
# 彼の劣等感を活用すれば「特別な女」になれる

人間は誰でも劣等感を持っています。

そもそも男はプライドが高く、他人に自分の弱点を知られることを恐れています。

そのため、必死に自分の劣等感を隠そうとするのです。

恋の勝者になりたいならば、男の劣等感に敏感になることです。

取り扱いを間違えれば避けられてしまうけれども、うまく扱えば、「彼の特別な人」になれるからです。

しかも劣等感は、価値観よりもわかりやすいもの。

太っている、背が小さい、はげている、毛深い、大きなほくろがある、肌に凹凸がある……、ぱっと見て欠点と思える外見上の特徴は、たいていその人の劣等感につながっています。

内面の劣等感は一瞬ではわからないけれど、会話を重ねることで見えてきます。劣等感を感じている本人は、その話題には絶対に触れません。

それどころか、不自然なほど「その話題」を避けるでしょう。

それこそが、彼にとっての劣等感なのです。

たとえば、専門学校を出た彼のコンプレックスが「大卒でないこと」だとすれば、一流大学出身の仲間が学生時代の話を始めたとき、彼のノリが悪くなったり、別の話題を振って話を変えようとしたりするのです。

そんなとき、あなたが彼の劣等感に気づかずに「今どき大学も出てない男なんて、結婚する価値がない」などと言ったとしましょう。

その瞬間、彼はあなたとつき合う可能性を消してしまうでしょう。

逆に、「いったん社会に出てしまえば学歴なんて関係ない」とか「学歴だけ高くても仕事ができない人のほうが問題」などと言えば、あなたのポイントは上がります。

こうして好きな人の劣等感がわかったら、基本的には、なるべくそれに触れないように注意するのが大事。

そして他人が彼の劣等感に触れた場合は、「そんなの気にならない」と否定をしましょう。

さらに、彼の自信のある部分をさりげなく持ち出して、「それよりもこういうのはすごいと思う」とほめるようにすると完璧です。

これを繰り返すうちに、彼は「あなたは自分を理解してくれる人だ」と思うようになります。

大切なのは、「あなたのそんな欠点など何の問題もない」とあなたが思っていることを、彼にわからせること。彼がその劣等感を自虐的なネタとして扱っても対応方法は同じです。

根気よく続ければきっと、彼があなたに接近してくるはずです。

♥格言♥

**劣等感は触れないのが一番だが、会話に出てきたら有効活用すべし！**

Rule 11

# 男は「過去の恋愛上の失敗」をふまえて新しいパートナー選びをしている

男の劣等感と同じくらい注意が必要なのが、過去の恋愛で負った傷やトラウマです。男は恋愛で傷つくと、「もう二度と同じ痛みを味わいたくない」と強く思うものです。たとえば、遠距離恋愛をしていて、大好きだった彼女に浮気をされて恋が終わった……という経験をした男は、二度と遠距離恋愛はしないと心に誓っているかもしれません。

ワガママな彼女にさんざん貢《みつ》がされたあげく捨てられた男は、「男を振り回すタイプの女は二度とごめんだ」と考え、誠実な女性を探すのです。嫉妬《しっと》深い彼女に束縛されて大変な思いをしたならば、「コイツは自分を束縛しそうだ」と思った瞬間、その女性を恋人リストから外すでしょう。

ですから、もしあなたが彼の傷やトラウマを刺激する行動をとれば、彼との明るい未来はどんどん遠ざかっていくのです。

たとえあなたのことが好きだとしても、「また、前と同じ苦しみを味わうのでは」という恐怖から、あえて手を引いてしまうでしょう。

逆に、あなたが彼の傷やトラウマを癒やせたり、「傷つけた女性たちと私は違うのよ」とアピールできたりすれば、恋愛成就の確率はグンと跳ね上がります。

たとえば彼が、「自分に依存する彼女に振り回されて仕事に支障をきたした」という過去を持っているとします。彼はきっと、「仕事の邪魔をするような女は二度とごめんだ」と思っているでしょう。

そこであなたが、「自分は男に依存するタイプではない」ということ、さらに「むしろ私とつき合うことが、あなた（彼）の仕事のためになる」ということがアピールできれば、彼から選ばれる確率がアップするのです。

ではどうしたら、男の傷やトラウマがわかるのでしょう？

ポイントは、やはり会話にあります。

男は自分の過去のつらい経験、心の中に深く刻まれた傷を、誰かに話したい、わかってもらいたいと無意識に思っているものです。

ですから、あなたがさりげなく過去の恋について聞けば、相手は自然と話し始めるでしょう。

たとえ笑い話のように話していても、失敗談やムカつく話として語られる経験談には、彼の傷やトラウマが埋まっています。

あなたはそれをうまく感知し、そこから彼の傷やトラウマを推察するのです。

彼の「恋の傷」を正しく知れば、彼を夢中にさせるのも夢ではありません。

♥格言♥

**男の恋の傷やトラウマを知り、活用すれば、恋の勝者になれる!**

Rule 12
# 男の言葉にはあなたを操る意図がある

人間の話す言葉には、ふたつの意味があります。ひとつは「しゃべる内容そのもの」。もうひとつは「相手を動かそうとするためのもの」です。お互いに利害関係があると、相手に嫌われたくない、傷つきたくない、相手を思い通りにしたい、思い通りになりたくないなどの意図が生まれます。それを叶えるために、言葉を利用するのです。

恋愛とは、れっきとした利害関係。ですから、男が言った言葉を鵜呑みにするのはかなり危険です。男があなたに本音を話すときは、「そのことにメリットがあるときだけ」と心得ましょう。

たとえばあなたが告白をしたとき。彼は、「家が遠くてなかなか会えないから」とか、「自分には経済力がないから」と断るかもしれません。こう言われて、「その問題さえなくなれば彼とつき合える」と信じる女性がいますが、一度冷静に考える必要があります。

本音を言うと、あなたを傷つけると思ったから建前を言っただけかもしれないのです。

また、あなたが「どうして最近デートしてくれないの」と聞いたところ、彼に「仕事がハードだから休日は寝ていたい」と言われたとします。その言葉の裏には、「おまえにかける金も時間もないいんだよね」という本音が隠れているかもしれません。

多くの人は、他人を傷つけて自分の印象を悪くすることを、わざわざ言わないものです。

言葉どおりなのか、それとも別の意図があるのか。これを、どう見きわめたらいいのでしょう?

答えは簡単。言葉ではなく、相手の一貫した行動を見ればいいのです。

会えば「おまえのことを本当に愛している」と言うくせに、メールに返信も電話もしない。そんな彼の行動は、「あなたを愛していない」という本音を教えているのです。

言葉で嘘をついたりとりつくろったりするのは、とても簡単なこと。誰でも簡単に実行でき、効果も抜群です。それに比べて、行動で嘘をつくのにはエネルギーと時間が必要。さらに「行動であなたが自分を判断している」とは思わないから、彼も自分の行動はあまりケアしていません。

ですから彼の行動、それもたび重なる行動をきちんと分析すれば、本音が見えてくるのです。

逆にしてはいけないのは、彼に質問をして、本音を引き出そうとすること。

たとえば、「私のこと本当に好きなの？」という質問。これは、「私はあなたのことが好きなのに、あなたの愛情を感じられなくて不安でたまりません」と言っているようなものです。

すると彼はあなたに「責められている」と感じ、より本音を言わなくなることでしょう。

♥格言♥

**口先ではどうとでも言える！**
**本音は行動を見てチェックせよ**

# Rule 13 あなたとつき合ってくれない男の「つき合えない言い訳」を信じるな

体の関係しかない女性に「つき合って」と言われた場合、男はどんな反応をするでしょう？　つき合いたくはないけれど、体の関係をキープしたい場合、男はこのようなセリフを言うかもしれません。

「つき合うってそんなに重要なの？　今のままだって、つき合ってるのと同じじゃん」「君のことは本当に好きだけど、今は誰ともつき合う気はない」「お互いに縛り合う関係は嫌なんだ」「お互いに好きってわかってるんだから、形にこだわらなくてもいいじゃん」

このように言われたら、あなたは彼のことを「新しい概念の持ち主なんだ」と思うかもしれません。けれどもこれらの言葉には、何の意味もありません。単に、あなたとつき合いたくないだけです。

ほかにもつき合わないためのセリフはいくらでも作れます。典型的なものはこうです。

「女性不信なんだ」「元カノを忘れられない」「仕事が忙しくて恋愛どころではない」「もう恋愛はしないと決めた」「遠距離恋愛はしないんだ」「人を本気で愛したことがない」……ｅｔｃ．

ではなぜ、彼はあなたと「つき合わないこと」にこだわるのでしょう。

ひとつは、あなたひとりに縛られるのが嫌だから。あなたを「彼女」にすることで、ほかの女性とつき合ったり、セックスをする可能性を失いたくないのです。その一方で、都合のよいセフレは失いたくはないわけです。

ほとんどの人間は、罪悪感を持ちたくありません。あなたとつき合う約束をしたら、ほかの女性とつき合ったりセックスをしたりする＝浮気となり、モラルに反してしまいます。

すると、どうしても罪悪感を持ってしまいます。このため「あなたとつき合っていないこと」が重要になってくるのです。

そもそも男にとって、女性と「つき合う」メリットとは、「いつでもその女性とセックスができ、その女性がほかの男とセックスをしない」ということくらいしかありません。

それがつき合っていない状態で満たされているなら、わざわざつき合う理由がないのです。

もうひとつは、彼に恋人や奥さんがいる場合。別にいわゆる〝本命〟がいるので、あなたとは正式につき合えません。

とにかく、どんな理由にせよ、彼があなたと「つき合いたくない」と言ったら、すべて言い訳だと思ってください。彼にだまされて、「女性不信なんて、かわいそうな彼！」と思わないことです。かわいそうなのはあなたです。ずるずるセフレ関係を続けず、すぐに彼から離れましょう。

もし恋人に昇格したいなら、Ｒｕｌｅ50を参考にしてください。

♥格　言♥

**「あなたとつき合わない男」とずるずる関係を持つな！**

Rule 14

## 友達から恋人に進展しないのは彼にそうする気がないから

「つき合うほどの価値はないけれど、好きでいてほしい」。これが友達以上恋人未満の関係を生む、男の勝手な本音です。男にとって、「モテる」ことはとても大事。どの女性からも相手にされない状態を、「生きている価値がない」とさえ男は思ってしまいます。それは、どれほどの苦しみと言ったらいいでしょうか。たとえば……世界中の女性に無視され、「キモいから生きている価値なし！」と思われ、電車で座っていても隣の女性が避けて離れていくような妄想をしてしまうほどの苦しみ。自分が好きな相手が自分を嫌っているという苦しみ。モテる男と自分は根本的に身分や階級が違う、彼らは好きな女性を選び、自分はどの女性にも相手にされない底辺の人間。そう感じるくらい苦しいのです。

だから、一部の男は女性と接すること自体をあきらめ、アニメなどの二次元世界に引きこもってしまいます。また別の男は耐えられない苦しみから逃れるため、破壊的な行動に出たりします。生物学的視点で言えば、その苦しみがあるから、男はモテるためのありとあらゆる努力をします。

格好よいファッションも、バンドを始めるのも、おもしろい話をするのも、そのような苦しみから逃れるための必死の努力です。これは大げさな表現ではありません。

そのようにモテる努力をして、「どの女性からも相手にされない領域」から逃れても、不安はなくなりません。「少しでも手を抜くと誰からも相手にされないよ」とか「おまえの中身のなさを女性は見抜いているよ」と、不安が耳元でささやくのです。

だから男は救いを求めます。その救いが「自分のことを好きでいてくれる女性」です。本命に冷たくされたとき、友達以上恋人未満の女性に電話をし、自分が誰からも相手にされない男ではないと知り、ほっとするのです。

こういう男は、あなたの気持ちに気づかないふりをします。もし彼があなたの気持ちに気づいて、あなたと何度もデートをしたり、電話をしていたとすると、彼はあなたをもてあそんでいることになります。それは罪ですよね。その罪に問われないためには、知らなかったということが重要です。だから彼はにぶいふりをします。

ふたりでいろいろなところに行ったり、遊んだりして絶対彼は私のことが好きに違いないと思ってあなたが告白すると、「あ～あ、この人、告白しちゃったよ」と彼は思うでしょう。なぜなら、彼は友達以上恋人未満の関係を求めているのであって、あなたとつき合いたいわけではないから。

そのときは罪を問われないように、「好きだなんて気づかなかったよ」と言うでしょう。男を知らないあなたは、素直にこう思います。「なんてにぶい人なんだろう」と。彼の思惑どおりです。彼はにぶくありません、絶対に気づいています。

また、いつまでも恋人の関係になれない彼には、本命の相手がいることも少なくありません。デートを重ねたりメールがたくさん来たりすると、「これって、これからつき合うってことだよね。いつ告白されるんだろう」と思う女性は多いようですが、早合点《はやがてん》は禁物。早い時点で、「彼女とか、奥さんはいるの？」と聞いておきましょう。

普通の男性は嘘がつけないので、「いるよ」とあっさり言うでしょう。また「彼女いるの？」だけではなく「奥さん」も必ずつけてください。過去の相談に「奥さんいる？　って聞かなかったよね？　彼女はいないけど奥さんはいるんだよ」と言った男が少なからずいました。

つまり、友達以上恋人未満の関係が成立するのは、主に男が次のような状態にいるときです。

**1）あなたを好きにさせることで、自分のモテる能力を確認している**

**2）本命の彼女（あるいは妻）がいるが、セフレ候補をキープしておきたい**

ただし、ごくまれに例外があります。それは、あなたのことが好きなのに、シャイだったり、自分に自信がなかったりといった理由で、告白ができない男です。

これを見抜く方法はとても簡単。あなたが誘ってみたり、好意を示したときに、相手がよい反応を示し、あなたに近づく素《そ》振《ぶ》りを見せたら、「あなたが好きだけど言えない」状態かもしれません。

彼らはいわゆる「草食系男子」。Ｒｕｌｅ17を参考に、彼らの背中を押してみてください。

♥格言♥

**「つき合わない理由」を理解して**
**それに応じた対処をするべし！**

## Rule 15
# 男が別れを決意する大きな3つの理由

彼に別れを告げられたとき、あなたはその理由をたずねたでしょう。

彼は、「仕事が忙しい」「もっとおまえにはふさわしい人がいるから」「今は恋愛どころではない」などと、別れの理由を言ったかもしれません。でもそれが、本音とは限りません。

Ｒｕｌｅ12でも書いたとおり、人は誰もが自分に利益があることしか口にしません。本音を言って得をすると思えば本音を言いますが、それ以外の場合はたいてい建前です。

たとえばあなたが、見た目が気持ち悪い男の先輩に、「今日飲みに行こうよ！」と言われても「先輩の見た目が気持ち悪いから、飲みに行きません」とか「先輩と飲むのは時間の無駄なので行きません」と本音を言わないでしょう。

「今日はちょっと忙しいので」とか「家で用事があるので」と当たり障《さわ》りのないこと

を言うはずです。

同じように彼は、あなたに別れの理由を聞かれて、「おまえにはもう飽きた」などと本音を言うことは少ないでしょう。あなたを傷つけたり、泣かれたりしても、彼には何のメリットにもなりません。極力、あなたが傷つかないような、当たり障りのない理由を言うはずです。

だから、彼の言葉に頼るのではなく、過去の自分の行動や彼の反応から、本当に彼が別れを決意した理由を探す必要があります。

さて、男が別れを決意する理由は、大きく次の3つに分けられます。

**1）あなたに「嫌気がさした」というもの**

あなたが彼の行動にダメ出しを続けたり、わがままを言い続けたり、お金がかかりすぎたり、束縛しすぎたり、彼を疑いすぎたり、体の関係がうまくいかなかったりすると、男のストレスがピークに達します。そして、「ここまで我慢してつき合う相手ではない」と判断し、別れを決意するのです。

**2）あなたに「飽きてしまった」という場合**

あなたが彼に尽くしすぎたり、同棲して一緒にいすぎたりした場合、彼の恋愛感情が死んでしまいます。また、あなたから告白したため、彼のテンションが上がりきらなかったりした場合や、最初からテンションが低かったけれど試しにつき合ってみたというケース、体の関係を持ちたいだけの男があなたとつき合って、体の関係を持ったら飽きてしまったというのもここに入ります。

**3）あなたの結婚のプレッシャーに耐えられなくなったから**

「結婚したい」という、あなたやあなたの両親の言葉や、あなたの年齢などによる無言のプレッシャーが、彼の重荷になってしまったのです。つき合うのはいいけれど、一生一緒にいる、つまり結婚する覚悟はないという彼の判断です。

もし、ここにあげたどの理由も思い当たらないと思うなら、あなたに原因がないかもしれません。たとえば、彼にほかに好きな人ができて、その相手とうまくいき始めてしまったケースも考えられます。けれども、多くの場合、右の3つの理由と合わさって起きます。

あるいは、右の3つの理由が組み合わさって、彼に別れを決断させているのです。ほとんどの場合、「別れの決断」は単一の理由ではありません。

彼から別れを切り出されたら、彼にその理由を問い詰めるのではなく、まずは自分の行動を振り返ってみましょう。

彼はあなたに疲れてしまったのか、それとも飽きたのか、もしくは結婚へのプレッシャーが重くなったのか。

もし、彼と復縁したいと考えるのなら、正しい別れの理由を知る必要があります。その理由を知ったうえで、正しい戦略を立てる必要があるからです。具体的な復縁の方法については、Ｒｕｌｅ52〜54を参考にしてください。

♥格言♥

**彼の言う別れの理由は信憑性《しんぴょうせい》が低い！**
**本当の理由を知ることが復縁へのカギ**

Rule 16

# かかわると必ず苦しめられる〝要注意男〟のパターンを知り、警戒せよ

あなたの恋愛観は、あなただけのもの。相手の恋愛観と違うことがほとんどです。けれども人は、自分の価値観以外の価値観があることを普段は忘れています。自分が相手に誠実な場合、「相手も同じように誠実なはず」と無意識に思ってしまうのです。残念ながら、世の中はそんな男ばかりではありません。女性の体を手に入れるためだけに、偽《いつわ》りのやさしさを振りまく男もいっぱいいるのです。

「女性を苦しめる男」には、このような男を含めいくつかパターンがあります。

**1）より多くの女性とセックスすることが「男としての誇り」と思っている男**

このタイプは、女性を〝人〟ではなく〝もの〟と見ています。過去の女性経験の多さを自慢するだけでなく、二股《ふたまた》の経験や、モデルやキャビンアテンダントとつき合っていたなど、過去の女性のブランドを自慢しがち。うっかりつき合えば、常にはかの

女性の影を感じることでしょう。出会い系サイトに登録し続けていたり、まわりにあなたとの関係を内緒にしてほしいと言ったりするかもしれません。

**2）嘘をつく男**

ちょっとしたことで自分を大きく見せたり、昨日言っていることと今日言っていることが違う男とはつき合うべきではありません。人はほとんどのコミュニケーションを言葉に頼っています。彼が簡単に嘘をつくなら、あなたは彼と正常に接することができなくなります。正直でいることは実は大変なことです。嘘をつけないから人は努力し、誠実でいようとします。安易に嘘をつく男は、その努力をやめてしまっているのです。このような男には近づいてはいけません。

**3）コミュニケーションがきちんととれない男**

これは無口だとか不器用という話ではありません。人は相手を思いどおりにするために、ダメ出しをしたり要求をしたりします。あるいは媚《こ》びたり、やさしくすることもあるでしょう。でもそれが通常の範囲を超えている人たちがいます。あなたを強い言葉で傷つけたり、皆の前で辱《はずか》しめたり、暴力をふるったり。もしそのようなことをする男なら、たとえ彼がそのあとで謝《あやま》っても、何かもっともらしい理由をつけても、彼とかかわってはいけません。

**4）問題が発生すると逃げる男**

何か起こると責任を放棄し逃げ回る男がいます。そのような男と人生をともにするのは危険です。

以上に示した男に心当たりはありませんか？ 思い当たったら、かかわらないほうが身のためです。

♥格言♥

**女性を苦しめるだけの男がいることを認識して避けるべし**

Rule 17

# 恋愛に積極的でない「草食系男子」の〝受け身戦略〟に惑わされるな！

最近話題になっている、草食系男子。

実は草食系男子は昔からいました。わかりやすい名前をつけられ、メディアでフィーチャーされているだけです。でも、この草食系男子が以前より増えたのは事実かもしれません。

恋愛というのは、もともととても傷つくものだし、恋愛などしない方が心は安定するのです。人は、わざわざエネルギーコストのかかる、リスクのあることはしたくありません。

また、世の中には女性とつき合うより、ずっと簡単に性欲を満たせるサービスや商品がたくさんあります。

男にとっては、外に出て女性にアプローチしたり、ワガママな恋人を満足させるより、家にいてインターネットのアダルトサイトやＤＶＤ、風俗などで性欲を満たしたほうが楽なのです。

「自己責任」という考え方や、世界的な不況など、現在のあらゆる流れが、リスクを嫌い、消極的な生き方をする草食系男子を増やしている可能性はあるでしょう。

さて、世の中の男は、こうしたひたすら受け身の「草食系」と、反対に、アグレッシブに攻めまくる押せ押せの「肉食系」に分けることができます。男が女性を落とす方法は、世の中にこのふたつしかないといってよいでしょう。

この、相反するふたつのタイプの男の恋愛戦略を、それぞれ見ていきましょう。

まず、肉食系の男は、とにかく「可愛いね」「今度はふたりっきりで会おう」と直接アピール。キスをしたりボディタッチをしてきます。簡単に告白し、もし振られても、素っ気なくされてもひたすら押しの一手です。

この肉食系の男の詳しい恋愛パターンは、Ｒｕｌｅ18を参考にしてください。

いっぽう草食系は、たとえ恋心が芽生《めば》えていても、それを口にすることはありません。告白することは大きなリスクだからです。

さて、ひと口に「草食系」と言いましたが、この草食系には3つのタイプがあります。詳しく見ていきましょう。

## 1）「受け身」を戦略として持っている男

草食系は、自分が傷つくことを何よりも嫌います。嫌われるくらいなら好きとばれないほうがましと思っています。

ですから、傷つかずに相手を落とすために、「好き」と悟られないように気をつけながら、小出しに好意を示すのです。気になった女性にやさしくしたり、あなたにだけ夢を打ち明けたり、自分のつらい人生の相談をしたり、おもしろい会話で楽しませたりします。

まれに彼があなたをデートに誘っても、絶対に彼から告白はしません。

そんな彼らの口グセは、「今まで僕は自分から告白したことはない」「いつも告白される」「来る者は拒《こば》まず、去る者は追わず」です。

こう言われると、ほとんどの女性は、「大変！　私が告白しなきゃ恋が始まらない！」「彼ってなんてにぶいの？　私から告白しないと気づかないかも」と思い、告白をしてしまいます。それが彼らの狙いです。

女性から告白をするのは愚行だと僕は考えています（Ｒｕｌｅ22参照）。また、このタイプの男は、特に好きでない女性も好きにさせようとするからやっかいです。自分の「草食的・女性を落とすテクニック」を試したがるのです。Ｒｕｌｅ14で述べたように、自分が誰からも相手にされない男ではないと確信したいのです。

だから、つき合う気のない女性に対しても、相手を好きにさせるまで、あたかも好意を持っているように振る舞います。そして、女性が告白したとたん「言ってくれなかったからわからなかった。ごめん、妹にしか見えない」とか「ごめん、友達にしか見えないんだよね」などと言って、あなたをあっさり振るのです。

あなたが我慢できずに彼を押し倒すこともあるでしょう。そうなれば、あなたは彼の都合のよい関係、つまり、セフレになってしまいます。

もし運よく彼とつき合えても優位なのはいつも彼、という事態になってしまいかねません。これは避けたい事態です。こうならないためには、あなたも戦略を考える必要があります。それは、とても簡単。彼と同じ行動をとればいいのです。

決して自分から、「好き」をアピールしてはダメ。彼と同じように、「私も自分から告白したこと、ないんだよね。去る者も追わないし、来る者も拒まないなあ」と言ってやりましょう。

すると彼は「告白させなければ！」とばかりに、もっと距離をつめてきます。「俺、初めて人を好きになるかも」などと、ギリギリの発言をしてくるのです。そこで熱くなったら元も子もありません。「私も好きになりそう」とそのまま返し、彼の策略を利用するとベストです。

そのうちに彼は「放っておかれると、俺、忘れちゃうんだよね」とSOSを送ってくるかもしれません。ここでも、「忘れられちゃ大変！」と慌《あわ》てて距離をつめるのはNG。彼の本音は、「寂しいから放っておかないで」なのです。この場合「私も、忘れちゃうんだよね」とさらに寂しくさせれば、彼のテンションはどんどんアップします。ぜひとも、放っておいてください。

彼が意味《いみ》深《しん》な言葉や、やさしい発言などで、あなたをどんどん好きにさせていっているなら成功です。彼がどんどん接近してくるなら、あなたもそれに合わせて少しずつ接近してかまいません。でも、最後に告白するのは彼です。

いっぽう、彼と半年たっても、状況がまったく変わらないなら、彼はあなたとつき合う気はありません。あなたを使って「草食的・女性を落とすテクニック」を試しているだけです。時間の無駄なので、ほかの男性を探すことをすすめます。

## 2）強い劣等感に包まれている男

彼は女性に興味を持ったとしても、「この人は、俺とはつき合わないだろうな。だって、俺○○だもんな」と思ってしまいます。この○○に当たる部分が、彼の劣等感です。それは身長や太っていることなど見た目かもしれないし、学歴や年齢など条件かもしれないし、話がおもしろくないなど内面かもしれません。これを見抜く方法は、Ｒｕｌｅ10を参考にしてください。

彼との恋愛で一番大切なのは、この劣等感に決してさわらないこと。相手は、「傷つくくらいならひとりでいたい」と思っているのです。ですからあなたは、絶対に彼を傷つけてはいけません。いいところをほめてあげ、「俺は見てくれが悪いから」「毛深いから」などと自虐的に言われたときには、「私そういうの、ぜんぜん気にしないよ。それよりも、中身が大事じゃん」とそれとなく励ましてあげるとベストです。

さらに酔っ払ったときに手をつないでみる、カラオケボックスで隣に座ってみる、電車などで体をくっつけてみるなど、さまざまなカタチで好意を示していくとグッド。「私、あなたのような人に出会ったの初めて」と伝え、彼の背中を押してあげ、自信をつけさせてあげましょう。

このタイプには、飛ぶのをためらうひな鳥を巣から出して飛び立たせる、くらいの大らかな気持ちで接していくといいでしょう。

1と2を区別する方法ですが、1はあなたが積極的に近づけば彼のテンションが下がります。2はあなたが近づけば彼も喜んで近づいてきます。2のふりをした1の草食系もいるので、自分が近づいたり、積極的になったとき、彼が積極的になるか、逆に遠ざかるかでどちらかチェックしてください。Ｒｕｌｅ29も参考になるでしょう。

**3）恋愛に興味がない男**

このタイプは、これぞ草食系と呼びたい人たち。仕事や趣味、研究などに没頭していて、恋愛の優先順位が低い男たちです。自分だけを見てほしい女性にはきついかもしれませんが、彼らには浮気をしない誠実さを期待できます。というより、複数の女性に力を注ぐ気など、さらさらないでしょう。

このタイプを落とすには、「ここまでいい人がいるんだな」「この人といると気をつかわなくて楽だな」と思わせるのがポイント。

徹底的に居心地のよさを提供しましょう（Ｒｕｌｅ37）。何かに没頭しているわけですから、それを邪魔するのはNG。決して「私と趣味、どっちが大事なの」などと言わないようにしましょう。趣味にしろ仕事にしろ、彼が没頭しているものを理解してあげ、応援してあげることが大切です。

彼らは常識的なタイプが多いため、周囲に「そろそろ身を固めなさい」「家族は大事なのよ」などと言われると、「愛する存在は必要なんだ」と考えるようになりやすいです。

そのときには、近くにいる居心地のいい相手を選ぶでしょう。ですからあなたは日頃から、彼の近くにいて一番「居心地のいい女」になっておく必要があるのです。

♥格言♥

**草食系男子の種類は3タイプ。それぞれに合った戦略をとれ！**

Rule 18

# 〝押せ押せ〟を恋愛戦略として持つ「肉食系男子」の恋愛パターン

世の中の男のアプローチをふたつに分けると、「受け身」と「押せ押せ」に分かれます。ほとんどの場合、男はこのふたつのどちらかのアプローチしかできません。この「押せ押せ」のアプローチを最近世間では「肉食系男子」と言ったりします。

このような男の典型的な行動パターンをあげてみます。まず、彼らがあなたをターゲットに定めると、あなたを見つめ、積極的にアプローチをし、あっさりと告白します。あなたに振られても何とも思いません。そこからが駆け引きの始まりと思っていて、さらに積極的なアプローチをするのです。

基本的に彼らはあなたをお姫様のように扱います。歯の浮くようなセリフでほめちぎります。歩くときは車道側を歩いたり、夜景の綺麗なレストランを予約したりします。また、簡単に結婚をほのめかし、真顔でふたりの子供がほしいと言う男もいるでしょう。ボディタッチが多く、すぐキスをしてくる男もいます。ひと言で言えば、恥も外聞もなく、異常に高いテンションでひたすら押しの一手なのです。

彼らは、幼い頃から女の子とあまり遊んだことがないのでしょう。さらに、男子校に進んだり、男だけのグループにいたりして、女性がどんな生き物かを知らないまま大人になります。その結果、女性を性の対象として強く意識し、神聖なものと感じ、そのように振る舞うようになるわけです。

もうひとつは、たまたまそうなった男。誰からも女性の落とし方を教わらなかったなら、強い劣等感に打ち勝つほどの強い性欲を持つ男の素直なアプローチは、積極的に押すことです。この方法を何度も試し、磨き、うまくいった男は、次からもそれを使うようになります。

肉食系男子は、見た目を特に重視します。見た目がきわめて美しい女性、セクシーな女性。あるいはとても女の子らしい女性がターゲットになりやすいのです。このような男は、おもに相手の見た目をほめます。女友達は少なく、女性は「エッチを望める」か、「興味のない他人」のどちらかとなります。

女性たちのなかには、「私は、いつも体目的のガツガツした男にだけ好かれる」と思っている人もいるでしょう。それはあなたの見た目がそれらの男性を引きつけているのです。彼らは、短期間に受け身の男子の何倍ものパワーで相手を仕留めようとするので、あなたが草食系男子のアプローチに気づかぬ間に、それらの男の餌食《えじき》となるわけです。

一部の女性は、このようなガツガツした男を毛嫌いします。あまりの高いテンションに、強すぎる性欲を感じ、怖いと感じて引いてしまいます。だから肉食系男子は一部の女性しか手に入れられません。でも彼らはこの方法しか知らないのです。

このような男に出会ったとき、あなたが注意すべきことは、歯の浮くような言葉も、やさしい態度も、「結婚したい」「子供がほしい」というキラーワードも鵜呑みにしないことです。そのとき彼は本気でそう言っているのかもしれませんが、ただテンションが高いだけで言葉そのものに意味はありません。

また、草食系男子と同様、女性を落とすスキルを試すために、いろいろな女性にアタックしては数ヵ月体の関係を持ち、飽きたら振り、次の女性を落としにかかる男もいます。1年に何人もの女性に「結婚したい」「子供がほしい」と言っている男も少なくないのです。もし、彼の恋愛遍歴が毎回数ヵ月しか続かないなら、彼は毎回このようにアプローチをし、女性を渡り歩いていると考えていいでしょう。また、女好きで、浮気性の男も多いです（見極め方はＲｕｌｅ16、31、35を参照）。
このような男を惚れさせるには、次の３つを心がけましょう。
1）「手に入りそうで入らない距離」（Ｒｕｌｅ39参照）を重視しましょう。たとえつき合っても、決して「手に入った距離」になってはいけません。Ｒｕｌｅ39の離れる行為を行いましょう。
2）見た目の気を抜かないでください。彼らには特に見た目が重要です。
3）彼らのサバイバルスキルやエンタテインメント能力をほめることが重要です。居心地のよさも重要ですが、彼らは特にほめられることを欲します。
このような男が成熟し、心からその女性に惚れれば、ずっとあなたをお姫様のように扱うでしょう。また彼らが本気で結婚を覚悟すれば、とてもいい父親になります。

♥格　言♥

**“お姫様扱い”にウットリせず**
**彼らの行動を冷静に分析・対処せよ**

# 第2章　自分自身の行いを正す

## Rule 19 出会ってすぐにジャッジを下すのはやめるべし

人はすぐに相手にわかりやすいラベルを貼りたがります。

「イケメンでやさしい」「まじめだけど神経質」「ケアが行き届いていて紳士的」「不器用で女慣れしていない」。そんなふうにラベルを貼ると、あまり考えなくてもよくなるので、楽なのです。

でも、それはとても危険なことでもあります。

まず初対面で男は、相手に気に入られようと自分を演じます。やさしく演じたり、不器用に演じたり、誠実に演じたりします。

また、男の本質はたった1回会っただけではわかりません。彼の深み、誠実さ、思いやり、金銭感覚などは、1回だけでは決して見えてこないのです。

だから、たった1回会っただけで「この人こそ運命の相手かもしれない」「こんな素晴らしい人はなかなかいない」といったふうに思い込んでしまうのは危険です。

恋愛慣れしていない女性は、すぐ男にわかりやすいラベルを貼り、あとは思い込みで突き進んでいきます。

自分が気に入った男はみな「誠実でやさしく紳士的」と思っている女性もいるくらいです。

思い込みの危険さは逆のことにも言えます。

たとえば合コンで出会った男に対して、「何コイツ、最悪」と思ったとしましょう。でもその悪印象は、彼が女性に慣れていないために緊張してしまい、自分のよさをアピールできないまま終わってしまったからかもしれません。彼に仕事でつらいことがあり、それが態度として出てしまったからかもしれません。

実はその彼も、普段は話し上手でユーモアにあふれる、素敵な男かもしれないのです。

ですから、1回会っただけで「好みだ」「好みじゃない」「悪い男」「理想的な男性」とジャッジしてしまうのはやめましょう。

もしあなたが「いい男がいない」「理想の男と出会えない」と思っているなら、まずはここから改善してみることをおすすめします。

「早く素敵な人とつき合いたい」と願うなら、「急がば回れ」です。

ポイントは、「初対面でジャッジせず、最低3回は会ってみる」こと。

最初にＮＧと感じた男は、３回会ってダメだと思ったらもう会う必要はありません。逆に、「いいな」と思った男は、ジャッジする期間をもっと引き延ばしてもよいくらいです。

きっと、何回も会ううちに、相手の本当の顔が見えてくるでしょう。

♥格言♥

**第一印象で善し悪しを決めるのは素敵な恋愛を遠ざけるＮＧ行動！**

## Rule 20
# 狭い常識にとらわれると素晴らしい出会いを見逃す可能性大

あなたはいくつの常識に縛られているでしょうか？

「デート代は彼が出すべき」
「道を歩くときは男が車道側に立つべき」
「自動車のドアは彼が開けてくれるべき」
「レストランでは奥の席に女性を座らせるべき」
「デートでそれなりのお店を選べるスキルを持っているべき」

特に若いときは、男女ともさまざまな常識にとらわれています。でも、その多くはとても些細《ささい》で表面的だったりするのです。
たとえば、男向けのモテるための本には、先ほどあげたようなことを「～すれば女性が喜ぶ」と書かれていたりします。

つまり、あなたと体の関係を持つために、男はデート代を払ったり、車道側に立ったり、女性を店の奥に座らせたりするのです。

だから、それができたところで本質的なことはわからなかったりします。

彼が本当にあなたを愛しているかどうか、彼が誠実かどうか、彼が何かあっても生き残っていけるサバイバルスキルを持っているかどうか。

また、人の気持ちを思いやれるか、倫理観があるかなどが、それらの行動で判断できるとは限らないのです。

また、それらができないからといって、その相手が素敵でないかどうかはわかりません。

もしかしたら、不器用なだけかもしれませんし、それら表面的な行動をばかばかしく思って、あえてそうしないのかもしれません。

また、見た目や、年齢や学歴などの条件、価値観の中にも、あとで考えたらどうでもよかったというものが多く潜《ひそ》んでいます。

たとえば、「自分より身長が低い人はＮＧ」「年下はダメ」「最低限、大卒じゃないと」など。

もちろん、生理的に嫌いなタイプの人を好きになれとは言いませんし、表面的な常識を参考にするのはよいと思います。でも、それに縛られず、相手の本質を見抜く恋愛をおすすめします。

♥格言♥

恋愛に〝常識〟は必要なし！
まずは相手を受け入れてみよう

## Rule 21 見返りを求めない〝無償の愛〟は確実に効く

ほとんどすべての人は、自分のことしか考えていません。

「私尽くすタイプなんです」と言っている女性は多くいますが、なぜ尽くすかといえば相手に愛されたいからです。愛されたいために彼にご飯を作り、掃除をして、がんばるのです。だから愛されていないことがわかれば苦しみます。

あなたがもし今好きな人に尽くしていて苦しんでいるなら、それはあなたのエゴでしているのです。

あなたは思うかもしれません。「でもいろんな男友達が私に親切にしてくれる」。それは、あなたと体の関係を持つため、あなたの心を奪うための男性のエゴを満たすために行われているのです。

でも、もしあなたがその男のエゴに気づかなければ、そのやさしさに感動し、相手を好きになるでしょう。つまり尽くす行為でも、相手があなたのエゴに気づかなければ、それは相手の心を動かすのです。

僕はこのエゴのない（あるいはないふりをした）相手に尽くす行為を、〝無償の愛〟と呼んでいます。

人は無償の愛に心を動かされます。無償の愛というのは、見返りを求めていません。相手から何も利益を得ようとしていないのです。だからご飯を作り、掃除をして、彼に感謝されなくても何とも思いません。彼がその日友達と遊んで、晩ご飯が無駄になっても彼を恨んだりしないのです。

無償の愛は、好きな人に恋人ができればうまくいくように応援してあげます。

無償の愛は、好きな人が仕事で忙しければ心から応援してあげるでしょう。

「応援するよ」とメールを出し、実は彼からの返事を待っている女性がいますが、その女性は彼を応援していません。彼に愛されたいために彼に気に入られる言葉を送っているだけなのです。彼が仕事に没頭し、あなたのことを忘れるなら、そのまま放っておいて応援してあげるのが無償の愛です。

無償の愛は、先ほどから言っているように、無償の愛のふりをしても効きます。「何でここまでしてあげないといけないの？」ということを、見返りを求めずにすることです。

このとき重要なのは、彼を好きなことを気づかれないこと。あなたの気持ちを見せないまま無償の愛を注ぐと、男はあなたを「自分の唯一の味方・理解者」だと思うようになるのです。

もしかしたら彼は、その瞬間は、あなたに感謝を示さないかもしれません。この攻撃が力を発揮するのは、あなたが彼から離れようとするときということもよくあります。そのとき、彼はあなたがしてくれていたことの尊さに気づき、追いかけてくるでしょう。二股をかけられていた場合などにもよく効くはずです。

じわじわと、ボディーブローのように確実に効く。無償の愛には、そんな力があるのです。

♥格言♥

**損得勘定ナシで人に親切にされたとき人は感動を覚え相手を愛し始める**

Rule 22

## 男の本気を引き出すために〝女からの告白〟はやめるべし

相手がどんな男でも、そしてどんな状況であっても、女性から告白するのはＮＧです。

女性から告白したとき、最悪の場合、「恋愛対象として見られない」と言われてしまいます。

絶対彼は自分に気があるはずだったのに、彼が告白しないのにうんざりして自分から告白したら、そう言われてしまう。Ｒｕｌｅ14や17にも書いたように、こうしたことは往々にしてあります。

あせって自分から告白したことで、駆け引きはゲームオーバーになってしまいました。あなたは、まず彼に自分を好きにさせるべきだったのです。これに関しては第4章に詳しく書いてあるのでぜひ読んでみてください。

次によくないのは、「試しにつき合ってみる？」というようなテンションです。

あなたから告白され、彼は最初からテンションが低く、何となく受け身でつき合っています。彼のテンションが低ければ、恋愛は長続きせず、あなたはずっと苦労するでしょう。

その次によくないのは、条件つきのつき合いです。

誰にもつき合っていることを言わない条件、彼が自分の仕事を最優先するという条件、結婚はする気がないという条件を受け入れさせられ、彼につき合ってもらうのはNGです。

そして、彼があなたの告白をちゃんと受け入れてつき合う場合でさえ、彼が自分から告白した場合に比べたら、駆け引きとしてあまりよくないと言えるでしょう。

男には、次の3つのような性質があります。

**1）熱くなって必死で手に入れたものに強く執着する**

**2）自分で選んだものの責任をとろうとする**

**3）自分からした約束を果たそうとする**

男に告白させたほうがよいというのは、ふたりがつき合っていくうえで、女性にとって有利となるこの男の3つの性質を引き出すことができるからです。

あなたがすべきなのは、あせって告白をすることではありません。そうではなく、相手に自分を愛させる努力なのです。

もし自分から告白して失敗してしまった場合は、Rule46～48を参考に行動してください。

♥格言♥

**女性が持つべきは〝告白する勇気〟よりも〝自分を好きにさせるスキル〟**

Rule 23

# 自分の感情がコントロールできれば彼の心もぐっと近づく!

恋を壊すもっとも大きな原因のひとつは、感情的な行動です。

不安や怒り、嫉妬の感情があなたを包んでいるときは要注意です。

たとえば、彼がなかなか振り向いてくれないとき、「どうせ無理!」と自暴自棄になることもあるでしょう。

でも、あなたが彼を手に入れたい、彼とうまくやっていきたい、絶対に恋人になりたいと心から願うなら、そのときに行動を起こしてはいけません。

一時的な気持ちに支配されてやってしまったことは、あとで必ず後悔するだけでなく、取り返しのつかないことになりかねません。

駆け引きとして、相手に連絡をしない「沈黙」というテクニックがあります(Rule46参照)。

この場合、半年間沈黙が必要となることもあるのですが、そのときは特に「彼に忘れられるかもしれない」「この隙に彼女ができてしまうかもしれない」と不安になり、つい連絡をしたくなるかもしれません。けれどもメールをしてしまった時点で、作戦は振り出しに戻り、最初から沈黙しなくてはならなくなります。下手をすると、彼をさらに冷めさせて、ゲームオーバーになるかもしれません。

また、片思いを成就させるため、長期間にわたってひたすら「無償の愛」を行うとき（Ｒｕｌｅ21、48参照）にも、危険は潜むでしょう。

煮え切らない彼にイライラしたり、彼がほかの女性と親しくしているのを見て、投げやりな気持ちになるかもしれません。

でも、「もういい！」と彼にひどい言葉を投げつけたり、「二度とあなたとは会いません」と通告したりするのは自殺行為。関係を悪化させたあと、「やっぱり」と思い直して彼に再び近づいても、うまくいくチャンスは激減してしまうのです。

どうしても感情のコントロールに自信がないなら、感情と行動の間にクッションを置くようにしましょう。「激しい感情におそわれたら、24時間は彼に連絡をとらない」と携帯電話などにアラームをかけるのです。

ポイントは、「アラームが鳴ったら、連絡がとれる」と自分に言い聞かせること。そしてカラオケに行ったりウォーキングをしたり、まったく別のアクションを起こしてください。

またそのつど、感情や状況を書き出すのもグッド。何に腹を立てて、どう感じているのか、細かく書くのです。紙に吐き出すことで冷静になれるし、自分を理解するための貴重な資料になります。

彼の態度の背景には、何らかの原因があるもの。ドタキャンをせざるを得ない状況だったり、今は恋愛どころじゃなかったり……。

感情に支配されずに、相手の立場になってものを考えられるようになれば、恋愛上級者にまた一歩近づけることでしょう。

♥格言♥

**感情に支配されたときは何もしてはいけないと心得よ**

Rule 24

# とるべき恋愛戦略は時間とともに変化すると心得よ

世の中に、変わらないものはありません。

このことを知っておかないと、恋愛に苦しんだり、うまくいかなかったりします。変化のひとつに、年齢があります。若い頃に効果があった恋愛戦術が、年を重ねるとまったく通用しなくなるのです。

たとえば、20代前半までは「天然」や「可愛いわがまま」が戦略として通用するかもしれませんが、後半になれば通用しにくくなり、30代半ばをすぎれば「痛い女」とみなされてしまうでしょう。

もうひとつの変化は、彼の状況。彼がすごしている毎日は、長い時間の中でさまざまに変化していきます。彼女と別れたり、職場に可愛らしい新人が入ってきたり、急に女性にモテたり、リストラされそうになったり、友達を失ったり、重い病気になったりするのです。そのような出来事は、あなたに対する彼の恋愛感情にも影響を与えていくでしょう。

また長い時間の中では、単純に時間が経過するだけでも、彼のあなたへの感情は変化していきます。

かつて「一生おまえを大事にする」と言ってくれたとしても、数ヵ月後、彼が同じ感情でいるとは限りません。

もうふたりの関係は修復不可能になっているのにもかかわらず、「でも、彼は一生おまえを大事にするって言ったんです」と、過去の彼のセリフにしがみつく女性は多いです。

どんな関係も、変わらないものはありません。それに気づかないでいると、苦しい思いをするでしょうし、現実がきちんと見えていないので恋愛はうまくいきません。

「結婚するって言ったじゃない！」と彼を責めるのは、まったくの逆効果になってしまいます。

逆に考えれば、「おまえのことは、一生好きにならない」と言われても、希望を捨てなくていいということになります。今はそう思っているけれど、今後、その気持ちが変わる可能性はおおいにあるのです。

「おまえが好きだってことにようやく気づいた」というセリフはよく聞きます。気づいたのではなく、その人の心が長い時間の中で変わったのです。

「俺は一度決めたら変わらない」と彼が言ったとしても、変わるので安心してください。

さらに、あなたの状況や気持ちも変化していくでしょう。結婚願望がまったくなかった女性が、年齢や、まわりの結婚ラッシュ、両親の病気などで、急に「結婚したい」と思うことは多いです。

また完全に忘れていた元カレと偶然再会して、気持ちが大きく揺れ動く可能性だってあります。

「あらゆることは変化する」と心にきざんでおきましょう。

♥格　言♥

**変わらないものなど何もない。**
**これを知ることが恋愛上手への第一歩**

Rule 25

# 好きな彼と共通の知人に彼への恋心は絶対打ち明けるな！

あなたが片思い中の彼を絶対に落としたいと思っているなら、彼と共通の知人に、その気持ちを打ち明けるのは厳禁です。

なぜなら、いくらあなたが「言わないでね」と言ったところで、かならずどこかから、あなたの気持ちはばれてしまうから。その知人が直接彼に伝えなくても、ほかの友人に「言わないでね」と言いながら伝え、それがめぐりめぐって彼の耳に……というのはよくあること。

また、その知人のちょっとした言葉の端々《はしばし》やニュアンスから、彼にあなたの気持ちを感づかれることもあるでしょう。

そうなると、いくらあなたが彼を好きにさせるための駆け引きをしたとしても、計画はぶち壊しになってしまいます。

たとえば、「好きという気持ちを隠して徹底的にやさしくし、彼をひきつける」といったテクニックを使おうとしても、あなたの気持ちがその友人から彼にばれてしまえば、彼は、やさしくされるほどに下心を感じ、あなたを避け始めるかもしれません。

また、友人たちがあなたによかれと思って、「〇〇さん（あなたのこと）っていいよね？　どう思う？」とか「〇〇さんとすごくお似合いだよね。つき合っちゃえば？」などと余計なことを言ったり、あなたの隣の席や、車の助手席をわざと譲ったりするケースも想定できます。

いつまでも煮え切らない彼に「いい加減、〇〇の気持ちに気づいてあげなよ！」と言うかもしれません。

最悪なのは、その友人が彼を好きになってしまうことで、これはときどき起こります。

このように、共通の知人はろくなことをしません。

好きな彼をものにしたいのなら、彼に自分の気持ちがばれるリスクは、最小限に減らすべきです。

恋愛相談をするなら、彼の知り合いではない誰かにしましょう。

また、友人と同様、親もあなたの恋の邪魔をするケースがあります。「あなたのために」を大義名分にして、つき合い始めたばかりの彼に、「うちの子と結婚する気があるのか」などとつめ寄ったりすることがあるのです。これは、彼の気持ちを冷めさせかねません。

共通の知人は、ほとんどすべての場合、あなたの恋にとって何のメリットももたらさないもの。彼にも友人にも親にも「好き」を隠しつつ、彼とだけ駆け引きをするようにしましょう。

これは片思いだけでなく、復縁にも、つき合っているときの駆け引きにも言えることです。

♥格言♥

**共通の知人や親はラブデストロイヤー候補。好きな気持ちはひた隠しにせよ！**

Rule 26

# 「自分が動かせるのは自分だけ」と知れ

人が恋愛で苦しむ理由は、恋愛が思い通りにならないからです。思い通りになれば苦しみません。恋愛を思い通りにするために、あなたはこの本を買ったのかもしれませんね。

反対に、思い通りにしようと思わなければ苦しみません。そういう人はこの本を買おうとも思わないでしょう。

人は欲求を持ち、その欲求が満たされない瞬間から苦しみがはじまるのです。

「両思いになりたい」「復縁したい」という欲だけでなく、たとえ彼とつき合っていても「もっと電話がほしい」「メールの返事がほしい」というのも欲で、それにより苦しめられます。

「ちゃんとした仕事についてほしい」「タバコは吸わないでほしい」というのもそうです。こちらの期待通りに相手が動いてくれないと、がっかりしたり、イライラしたりするのです。

恋愛で苦しまないためには、そしてふたりの関係をよくするためには、「人は基本的に自分の思いどおりに動かない」「自分が動かせるのは自分だけ」ということを知っておくことです。

自分が何かしてあげたのに、彼からお礼の言葉がないだけで、腹が立つ女性もいます。勝手に相手に何かをしておいて、そのお礼を期待するのです。これは、自分がつらいだけでなく、彼の気持ちもなえさせてしまいます。愛を深めることなど、とうていできません。

「自分がこれだけやっているのに」「愛しているのだから彼もやってくれるはず」といった考えは捨てたほうがいいでしょう。相手に対して何かをしたら、その時点で「完了」と考えるべきです。

彼に応援のメールを送ったら「自分が送りたいから送ったのだ」と満足をし、返信を期待しないこと。彼のためにお菓子を作ったのなら、それだけで満足しなければなりません。もしそれができないなら、応援のメールをしても、お菓子を作ってもいけません。

お返しや感謝の言葉を期待しなければしないほど、自分自身の気持ちが楽になるばかりか、ふたりの関係も安定していくことでしょう。万が一彼がお礼の言葉を言ったなら、それだけでとても嬉しい気持ちになります。

片思いの場合もまったく同じ。

たとえば、自分が誕生日にプレゼントを贈ったのに、相手が自分の誕生日すら忘れていることに腹を立てないようにすべきです。

彼を手に入れるためにやれるだけのことはやりつつ、いっさい期待をしないという姿勢でいましょう。

相手に期待せず、「人事を尽くして天命を待つ」のです。

♥格言♥

**人は思い通りに動かないもの。反応を期待せず、やっただけで満足せよ**

Rule 27

# 美人と言われるのに彼ができない あなたには〝男をなえさせる〟原因がある

「美人だと言われるのに、恋人ができない」「高嶺《たかね》の花なんだよねと言われて、男が寄ってこない」「昔はモテたのに、最近は体目的の男しか近づいてこない」と悩んでいる女性は意外と多いもの。こういう女性は、男性が近づけないような原因がどこかにあります。その原因を考えてみましょう。

たとえば、あなたは、自分の人生を楽しんでいるかもしれません。正確には楽しもうと努力しているかもしれないですね。年齢とともに自由になるお金が増えれば、それを楽しむために使い始める女性は多いもの。頻繁《ひんぱん》に海外旅行に行ったり、ダンススクールに通ったり、犬を飼ったりする女性はたくさんいます。またワインにこり、料理にこだわる女性も多いでしょう。

ただ、そのように振る舞う女性を見ると、多くの男性はアプローチする気持ちがなえてしまいます。

たとえば、ふたりでイタリアンレストランに行ったとき、彼がピザを頼んだとしましょう。その女性が「イタリアで食べたアンチョビのピザが最高だったんだよね」と無意識に言ったり、ドリンクのメニューを見ながら「ここは○○ワインはないみたいね。この中なら○○ワインかな」と言ったりするかもしれません。すると、その言葉で、男はその女性への興味を失ってしまいがちです。

これはたとえば、いとこの子供をカウンターの寿司屋に連れて行ったら、その子供が慣れた感じで旬《しゅん》のネタを頼むようなものです。さらにその子供が、「青森で食べたイカが最高だったよ」と語り始めたら、連れて行った人はなえてしまうでしょう。子供をカウンターの寿司屋に連れて行ったら、驚いて何もかもに感動してほしかったりするのです。

同様に、「○○ワインはないみたいね」というセリフも、その女性が何気《なにげ》なく言ったとしても、男はげんなりします。可愛くないのです。

Rule9にも書いたとおり、男はみな女性を喜ばせたいと思っています。自分のサバイバルスキルは優れていて、女性を幸せにすることができる——つまり、能力があると思いたいのです。

ですが、女性が「イタリアのピザは……」「〇〇ワインは」と言い出すと、この女性を自分が喜ばせることができないのではないか、喜ばせるには相当のコストがかかるのではないか、そう思ってしまい、気持ちが引いてしまうのです。

また、批評もNGです。ワインや料理の批評もそうですし、「あの番組つまらないよね」「あの人はこうだからダメなんだよ」といった言葉もよくありません。男は、女性の批判や批評を聞くと、それがやがて自分に向けられるのではないか、と想像してしまいます。それでやる気をなくしてしまう男性は多いでしょう。

マンションを購入したり、資格を取ったりと「ひとりで生きていく準備をしている女性」も要注意です。男性は「この女は俺を必要としていないな」と思ってしまうでしょう。同様に、職場で「デキる女」を演出しすぎたりするのもNG。隙がない完璧な女性に対して、男性は「僕が助ける必要はない」と思ってしまいます。

もし、ここに書いた例に心当たりがあったら要注意です。そんなあなたが恋愛ルール本に従って「男から誘われるまで待つ」「自分の気持ちを悟られてはならない」といったことを実行していると、いつまでたっても恋は始まりません。あなたはどんどんモテなくなり、あなたに近づく男性は、押せ押せの体目的の男性ばかりになってしまうでしょう。

あなたが美人なのにモテない、あるいは、昔はモテたのに最近モテなくなり、ここに書いてあることに心当たりがあったら、ひとりの生活を楽しまず、資格を取らず、マンションを買わず、ペットを飼わず、あらゆるものへの厳しい評価をやめるべきです。それが無理なら、そのようなふりをしましょう。鼻につかないお金持ちが、お金持ちであることを感じさせないように振る舞うのと同じです。

つけ加えるならば、飲み会の席で女芸人と化してしまうのもＮＧ。下品な発言や振る舞いをしすぎる女性にも〝女〟を感じることができず、気持ちがなえてしまいます。キャリアウーマンすぎるのも同じ理由でＮＧ。

男は女性を好きになるのです。女性でなくなれば興味を失うのです。

♥格言♥

**恋人がほしいなら人生を謳歌《おうか》しすぎず**
**男が手を伸ばしたいと思える女でいよう**

# 第3章　駆け引きの極意を知る

## Rule 28

# 〝小悪魔〟と〝天使〟の使い分けが恋愛上級者への道

世の中には、小悪魔《こあくま》のように振る舞うことをすすめる恋愛ルールブックが、たくさん存在しています。

小悪魔のように振る舞う駆け引きはとても効果があります。映画でも魅力的な女性は、天真爛漫《てんしんらんまん》で、男のことなどちっとも考えずわがままに振る舞います。そのような行動に男性はひかれ、夢中になってしまいます。そして恋に狂った男は相手をお姫様のように扱うわけです。

また、このような駆け引きをすすめる本が多い理由は、恋愛がうまくいかない女性の多くが男性を好きになると、相手に尽くしすぎたり、媚びたり、相手を最優先しすぎるからです。

恋愛ルールブックの多くは、「もっと気高くなりましょう。自分を愛してくれる男以外は相手にしてはいけません。男性が女性に尽くすべきで、女性は尽くす男性に喜んであげればよいのです」と提唱しています。だから最終的には女性の生き方まで指南するわけです。

ただ、この方法には落とし穴があります。

まずあなたがターゲットとする男にとって、あなたが最初から魅力的でなければなりません。もしあなたが魅力的でない場合、〝気高い〟あなたに男は興味がわかないでしょう。嫌悪すら感じるかもしれません。Ｒｕｌｅ27でお話ししたように、あなたは、誰からも相手にされない高嶺の花になってしまうのです。

そして、このような振る舞いはＲｕｌｅ17に書いたような、草食系男子にも効きにくいです。あなたのような女性を必死で追いかけるくらいなら、もっと居心地のよい別の女性を選ぶでしょう。

小悪魔のような駆け引きをすすめる本の多くは、そのような男を相手にするなと言います。その結果、多くの男にとって魅力的でない、市場価値の低い女性は、誰からも相手にされなくなり、魅力的な女性でも、好きになるのは、その見た目にひかれた恋愛至上主義の積極的でガツガツした男だけとなりかねないのです。

このような「小悪魔化」をすすめるルールブックに従うと、彼に「この女とつき合うのは大変だ」と思われ、彼が去っていく危険性も生まれます。

たとえば、「デート代は必ず男が出すべきだ」「毎回必ず家まで送り届けるべきだ」といった、男に大きな負担をしいるようなルール。最初こそ、がんばってくれる男はいるかもしれませんが、長い間続くと、男は疲れを覚えてくるでしょう。

というのは、小悪魔は基本的に〝ネガティブな感情〟で男をコントロールするから。

小悪魔的な態度をとられると、男は「彼女がどこかに行ってしまうかもしれない不安」「彼女に喜ばれないかもしれない恐怖感」「誰かに取られるかもしれないあせり」といった、ネガティブな感情に支配されます。

確かにこうした感情は、人を動かすには強力で即効性を持っているもの。人は苦しい感情におそわれると、その感情から逃れようとすぐに行動を起こすからです。

ただ、同時に人間には、ネガティブな感情を与え続ける相手のことを、だんだん嫌いになる性質があります。

いっぽう、「楽しい」「安らぐ」「居心地がいい」といったポジティブな感情は、力が弱く、人を動かす即効性はありません。

ただし、こうした感情をくれる相手には、人は間違いなく好感を持ちます。長く続ければ、相手を好きになり、一緒にいたいと思うようになる可能性も高いでしょう。

たとえるなら、「まじめに働かないとクビにする」とか、「給料を下げる」と言ったり、営業成績が悪いことをほかの社員の前で責める上司。

このような上司の下では、部下は必死になってがんばるでしょうが、同時に辞めたいとも思うでしょう。また、その上司に対して嫌悪感を覚えるはずです。

いっぽうで、あなたの営業成績が伸びないとき、上司が一緒にその理由を考えてくれる。どうしても行きたい海外旅行があるとき、上司が「おまえのためになるなら行ってこい」と言ってくれたりする場合には、その上司に好感を持ち、ついて行こうと思うわけです。

突然のデートの誘いにときどきはのってあげる。彼にお金がないなら、デート代をたまには負担してあげる。彼がつらいときに支えてあげる。彼の愚痴《ぐち》を聞いてあげる。

このように、あなたに負担のない範囲で、彼に居心地のよさを作ってあげると、彼はあなたを長期間好きでい続けるでしょう。

では具体的にどうするか。あなたが何もわからないなら、会っているときは天使になり、会っていないときは小悪魔になることです。つまり、会っているときは彼を楽しませ、会っていないときは素っ気なくするのです。

また、Ｒｕｌｅ39を参考に、あなたが「手に入った距離」にいるなら小悪魔となり、あなたが「手に入らない距離」にいるなら天使になるのもいいでしょう。

さらに言えば、見た目の綺麗なモテる女性は小悪魔になってかまいません。モテない女性は天使になり、相手の心をつかみましょう。

また、恋愛の初めは小悪魔でかまいません。でもつき合いが落ち着き始めたら、少しの天使をまぜましょう。

このように、天使と小悪魔の使い分けができるようになると、恋愛上級者と言えるでしょう。

♥格言♥

**小悪魔は即効性、天使は持続性の効果。上手に使い分ければ女神になれる**

Rule 29

# 自分を好きかどうか分からない彼の心の裏に隠された〝距離の法則〟を知るべし

「何度もデートしているのに、いっこうに告白してこない」。「自分から近づくと素っ気なくなり、離れると連絡が頻繁に来る。彼は私のことが好きなの嫌いなの？どっちなの？」こんなとき、彼の中ではどんなことが起こっているのでしょう？

実は男には、「その女性との心地よい距離」があります。

これは一定で、あなたがその距離より近づけば彼は遠ざけたくなり、それよりあなたが遠ざかると近づけたくなります。

たとえば、「自分のことを好きにはさせたいけれどセックスはしたくない女性」の場合、その女性がデートに誘えば、その女性とセックスをする可能性が高くなってしまうので、彼のテンションは下がり、その女性が連絡をやめれば、好きにはさせたいので、連絡を取ってきます。

彼は、その女性が自分を好きだとわかっていれば十分で、それ以上近づいてくるのが面倒なのです。

確かに男はセックスが大好きですが、それでも相手を選びます。それほどセックスをする気のない女性とセックスをすると、相手に好きになられたり、彼の友人にばれ、馬鹿にされたりと面倒なことになりかねません。

なぜ、そんなセックスもしたくないような女性を「好きにさせたい」と思うのでしょう。それは、Ｒｕｌｅ14で書いたように、「自分は男として価値がある」と思いたいから。自分が女性に相手にされない存在だと思いたくないのです。モテるということは、男にとってとても重要なのです。

また、「セックスをしたくない」わけではなく、彼に恋人や妻がいるというような、セックスができない状況というのもありえます。

さて、男性は女性との距離を5段階で認識します。その距離が離れている順から言うと……。

## 1）生理的に受けつけない

**2）好きにはさせたいけれどセックスはしたくない**
**3）セックスはしたいけれど彼女にはしたくない**
**4）彼女にしてもいいけれど結婚はしたくない**
**5）結婚したい**

1は、とにかく自分から遠ざけたい。逆に、5はとにかく近づけたい。それ以外は、それぞれ、それより近づくと遠ざけたくなり、それより遠ざかると近づけたくなります。

1は好かれるリスク、2はセックスをするリスク、3は恋人にするリスク、4は結婚するリスクを考え、男性は女性が近づかないようにするのです。

彼を好きにさせたい、手に入れたいと思うのならば、まずは彼の居心地のよい距離を知ることです。彼が望む距離より少しだけ遠くにいることが、彼の心を引きつけるカギになるのです。なぜなら、彼は自分の望む距離となるように、あなたに近づいてこようとするからです。これが、彼のテンションを上げる（あるいは下げない）きっかけとなるのです。

1なら下心を絶対に見せてはいけません。2も下心を見せず彼が好きにさせようとすれば、ほんの少しだけ興味のあるふりをします。3ではセックスをさせてはいけないし、4では「ずっと彼女でいるな」と安心させないようにします。5はあなたから結婚を言い出さず、彼が結婚の努力をする関係にしましょう。

彼があなたとどのくらいの距離を望んでいるかを判定するのは簡単です。あなたが、彼の望む距離より近づきすぎると彼は冷め、遠ざかると距離を近づけようとするはずです。その距離感をはかるために、誘う（＝近づく）、連絡を絶つ（＝離れる）などの刺激を与えてみるとよいでしょう。

詳しいやり方はＲｕｌｅ39に書いてあるので、参考にしてみてください。

♥格言♥

**男の居心地のよい距離を見つけ**
**その距離より少し距離を置け!!**

## Rule 30
# 自分のことが好きそうなのに誘ってこない彼の心理とは

Ｒｕｌｅ29以外でも「会っているときはテンションが高いのに、向こうからまったく誘ってこない」ということは起きます。

それには、次のような理由が考えられます。

**１）彼があなたとの関係に「ゴールが見えない」と思っている**

彼が「結婚に際して何か条件が合わない」「自分との価値が釣り合っていない」「自分に恋人ができてしまった」「自分がほかの誰かと結婚しそうになっている」「まもなく遠距離になるのでセックスができない」など、あなたとこれ以上の進展が考えられないと思っている場合、男はその女性と距離を縮めようとしません。

彼が、あなたと会っているとき、あなたの魅力や話の楽しさにひかれ、とても楽しい時間をすごしたとしても、あなたとの関係にゴールが見つからないので、積極的になれないのです。

逆を考えてみてください。

あなたが真剣に婚活をしているとき、とても魅力的な男と楽しい食事の時間をすごしました。でも、その彼の年収があまりにも低いことがわかったり、既婚者だとわかったりした場合、結婚候補から外してしまうでしょう。するとそのあと貴重な時間をさいてまで、その男と距離を縮めようとは思わないはずです。

会っているときに楽しい時間をすごしても、彼が次にあなたと会うことに積極的でないなら、あなたも積極的にならないほうが無難です。なぜなら彼にはあなたに近づけない理由があるからです。

無理に彼に近づけば、彼は上手な嘘をついて距離を置こうとしたり、二股やセフレといったいびつな恋愛関係が始まったりするかもしれません。

もしあなたが彼とどうしてもつき合いたいなら、なぜ彼が距離を置くのか、その本当の理由を知る必要があります。

彼がその理由を正直に言うことは少ないでしょう。なぜなら、それはあなたを傷つけることになるかもしれないし、彼自身が嫌われるかもしれないからです。

先ほどの例で言うなら「あなたの年収が低すぎるから、これ以上つき合いをする気はありません」と、あなたは言いにくいですよね？

彼に無理に近づかず、友達の関係を維持しながら、時間をかけてなぜ彼が自分に近づかないか、彼のプロファイリングをするしかないでしょう。

**2）彼はあなたを好きにさせながらじっくりとプロファイリングをしている**

このような行動を起こす男がたまにいます。

彼らは恋愛対象内の女性がいると、「可愛いね」「キミとつき合えたら嬉しいなあ」などと、女性をその気にさせる言葉を使います。でも、本気で好きになっているわけではありません。

彼らはまず、相手に自分を好きにさせようとしているのです。ほめられたり、甘い言葉で口説《くど》かれたりすると、女性は悪い気持ちがせず、つい自分の本音やわがままをさらけ出してしまいます。これが、彼らの狙い。

女性が安心して、自分の本心をさらけ出すのを見ながら、「この子とつき合ったら、お金がかかる」「デートのたびに車で家まで送らせる女なんだな」「この女、いやな駆け引きをするな」と、女性の価値観を見て自分との相性を探っているのです。

つまり情熱的な言葉とは裏腹に、彼らの恋はまだ始まっていません。価値がないとわかれば、すぐにあなたのもとを去るのです。

この場合あなたは、その男と同じ手を使うべきです。つまり彼のプロファイリングをしながら、好きにさせていくのです。それに関してはＲｕｌｅ35を参考にしてください。

1、2どちらにも言えることは、彼が引いたなら、自分もそのまま引き、ほかの男を探すのが効率的ということです。

♥格言♥

**彼が近づかないなら撤退すべし。撤退したくないなら原因を探れ！**

## Rule 31
# 彼の行動と言葉を分析すれば本音が透けて見える

Ｒｕｌｅ12～13でも述べたように、彼の言葉を鵜呑みにしているため、現実が見えず苦しんでいる女性はとても多いです。セフレだったり、不倫だったり、友達以上恋人未満の関係をしいられたり、奴隷のように尽くさせられたり、ＤＶを受けても自分が悪いと思ったり……。

詐欺師にだまされ、年金を巻き上げられるあわれな老人のようになってはいけません。彼の行動と言葉を分析して、本音を知りましょう。

やり方はとっても簡単です。彼の行動をノートに書き留めるのです。「夜しか会ってくれない」「会う回数が少なくなった」「あまりメールをくれなくなった」のように、行動だけを書き出してください。それらを客観的に見返すと、彼の本音が浮かんでくるはずです。

このとき注意したいのは、彼の言葉は考えないこと。なぜなら彼の言い訳や理由には、さまざまな意図が隠れていることが多いからです。

たとえば、彼に「仕事が忙しくて会えないんだ」「月末会議が入ったから、デートを見送らせてくれる?」などと言われたとします。言葉はいろいろですが、彼の行動はひとつ。「あなたとデートをしない」なのです。

Ｒｕｌｅ12でも述べたように、人は言葉では嘘をつけるけれど、行動では嘘をつけません。行動で嘘をつくのには大きな努力が必要だからです。それを知っておきましょう。

また、言葉から彼の本音を導き出す方法もあります。それは、「それを言われたら、私はどう思うか」を考えるというやり方です。

「こんなことを言われたら、私は機嫌を直すかもしれない」とか「これを言われると、私は今の理不尽な関係を仕方ないこととして受け入れるしかない」とか「これを言われると私は彼とつき合うのをあきらめる」などとあなたが思うなら、それこそが彼の真の意図です。

たとえば「もっと早く出会いたかった。そうすればふたりは恋人になれたのに」というよくあるセリフは、あなたにこう思わせます。

「彼は私と心の底から恋人になりたいのだ。彼はそれほどテンションが高い！　でも運命のせいでふたりは一緒になれない。彼と私は運命の犠牲者だ」

これこそ、彼の意図なのです。

このセリフを言うことで、彼はあなたと恋人にならずにすみ、あなたに責められず、今まで通り体だけの関係を続けられるのです。

分析を進めるときのＮＧ行動は、「それって結局、私とつき合う気がないんでしょ」などと相手を問いつめること。何も言わず、彼をじっくり泳がせることです。泳がせることで彼から本音を聞き出せます。さまざまな言葉を引き出し、彼の本音を分析していってください。

♥格　言♥

**まずは彼の言動をノートに記録！**
**彼を泳がせて本音を探るべし**

## Rule 32 彼の気持ちを引きつけてやまないのは「一貫した行動」と「ギャップ」

Ｒｕｌｅ31でもお話ししましたが、私たちが誰かの人柄を判断したり、気持ちを確認したりするときの材料となるのは、その人の言葉と行動です。いくら口では誠実なことを言っていても、行動がそれと一致していなければ、その人の言っている言葉は力を失うのです。

いっぽう、言葉では冗談ばかり言う人でも、一貫してあなたを応援してくれる男がいれば、あなたはその行動に真実を見いだし、ひかれていくでしょう。言葉は強い力を持っていますが、長期的には、相手の一貫した行動から、人はその人物を判断していくのです。

ですから、恋の駆け引きには、この一貫した行動で何らかの意思表示をするのが効果的。

たとえば、「彼の人生を心から応援する唯一の存在」と思われたければ、そのとおりの行動をとればいいのです。彼が別の女性を好きになったら応援する、落ち込んだら励ましてあげる、「お前は必要ない」と言われたらすみやかに距離を置く。

こうしたブレない行動は、彼を「あいつはこういう女性だ」と予想させ、安心感を与えます。

逆に、彼を混乱させ、駆け引きを有利に運ぶテクニックが、「ギャップを作ること」です。

たとえば、いつもキャリアファッションの女性が突然、カジュアルな格好で現れたとき、男は大きなギャップを感じます。この衝撃は、男からあらためて注目されるきっかけを作ってくれます。

Ｒｕｌｅ７で述べたように、女性の愛を感じているとき、男はついついその存在を忘れるもの。こんなときは上手にギャップを演出して、彼にあなたの存在を思い出させてください。

髪型やメイクでイメージチェンジするのが、ギャップを与えるひとつのテクニック。このほかに、行動でギャップを演出する方法もあります。たとえば、誕生日にはいつもプレゼントを贈っているのに、今度の誕生日だけはやめてみる。普段は絵文字満載のメールを送っているのに、「その日は忙しくて会えなくなった」などという彼からのメールに、「そうですか、わかりました」と絵文字のない丁寧語のメールを送る。こんな行動でも、ギャップが演出できます。

このときの注意点は、あまり頻繁に変化をしないこと。コロコロとファッションや行動を変えていると、「ギャップを作る人」という〝一貫性〟ができてしまいます。すると、「こいつは気まぐれなんだ」「よくイメチェンするやつなんだ」と見なされて忘れられる危険性があるからです。

ごくたまに、インパクトのあるギャップを作ることが、彼の気持ちを引きつけるコツなのです。Ｒｕｌｅ45では別の視点から解説しています。あわせて参考にしてください。

♥格言♥

**気持は言葉でなく行動で見せるもの。〝一貫〟と〝ギャップ〟を使い分けろ**

Rule 33

# うまくいかない恋にイライラしても「決別宣言」や「告白して玉砕」をするな！

恋愛をしていると、片思いでも、つき合っているときでも、復縁の努力をしているときでも、「もう彼とはうまくいかない！」と、あまりのつらさに、すべてがどうでもよくなったりします。

そのとき、女性は「気持ちに区切りをつけるため、彼に最後通告をしてしまう」ことがあります。

たとえば、「もう二度とあなたの目の前には現れません！」と彼に宣言してしまったり、「もういっさい連絡なんてしてこないで！」と言ってしまったり。あるいは、彼が自分を好きではないことを知っていながら、告白して玉砕し、恋を終わらせようとするのです。

そうした行動も、本当にあきらめられれば、ひとつの成功といえるでしょう。

でも、たいていの場合、「もう二度と会わない」と宣言をしたところで、告白をして玉砕したところで、彼への気持ちをあきらめることはできません。

苦しい彼への思いを断ち切って、ほかの人を探すきっかけにしたい、と思っても、彼を忘れられないことが多いのです。

そうなれば、状況はますます悪化します。さらに彼は手に入りにくくなり、あなたも苦しみ続けるでしょう。

もし、あなたが彼をあきらめて前に進もうと思うのなら、何も言わずに自分の中だけであきらめるべきでしょう。そうしておけば「やっぱり彼のことが好き」「もう少しがんばろう」と思ったときに、よい状態から駆け引きを続けられます。


いったん彼をあきらめたとしても、もし、またいつか関係を復活させたいと思うのなら、彼と〝薄くつながっておく〟ことをおすすめします。

〝薄くつながる〟というのは、彼との関係を完全に切るのでもなく、頻繁に誘うなど距離を近づけるのでもない、単なる知り合い程度の関係になるということです。たとえば、数ヵ月に1回メールを送ってみる……などの行動のことを言います。

そうすることで、彼との恋愛がうまくいくタイミングを待つことができます。完全にあきらめるのでもなく、真剣に追いかけるのでもなく、適度な距離を保ちながら、彼との関係を好転させるきっかけを待つのです。

たとえば、彼を3ヵ月くらい放っておきましょう。それから、さりげないメールを彼に送るなどして、様子をうかがってみるのです。

それで連絡がなかったり、返事はあってても彼のテンションが低いようなら、今度は4ヵ月くらい放っておきます。

こうして、ときたま連絡をする知人……というスタンスを守りながら、相手の様子を見るのです。

この場合、一度は区切りをつけたのだから、彼に力を入れてはいけません。暇つぶしのつもりで行う姿勢がベストです。

彼があなたに連絡を取ってきたときも、彼に期待しすぎてはいけません。あなたが、なぜ彼にうんざりして区切りをつけようと思ったか？　それは、彼に期待しすぎて、彼にエネルギーを使いすぎたからです。

もしかしたら、この間に、彼は彼女と別れたり、仕事で落ち込んだり、高熱を出して寂しがったりするかもしれません。

彼と細々とつながっておくことで、ふたりにとってベストなタイミングが訪れ、関係が好転するかもしれません。

あなたが、うまくいかない恋にイライラする気持ちはわかりますが、無理やり白黒つけようとしないこと。グレーゾーンのまま放置しておくと、後悔の少ない結果が得られるのです。

あきらめかけた彼とうまくいくには、彼のことはほとんど忘れていて、何ヵ月かに一回思い出したとき、何となく期待せずにメールをしてみる。もし彼とうまくいったら、ラッキー！　くらいのテンションでいるのがベストです。

思いが強すぎないほうがよけいなことをしにくくなり、うまくいきやすいもの。もしあなたが感情的になったら、Ｒｕｌｅ23を参考にしてください。

♥格言♥

**感情的に関係を絶つ行動はＮＧ！**

**薄くつながって可能性を残そう**

# 第4章　彼を手に入れるためにとるべき行動

Rule 34

# 理想の恋愛を手に入れるには、まず商品としての自分の価値と売りを知ること

出会い系サイトで、自己紹介にネガティブなことばかり書いて、「こんな私でよかったら仲よくしてください」とか、自分の見た目に自信がないのに、その写真をアップし、「内面重視の男性を募集します」なんて書いている女性がときどきいます。

スーパーに並ぶ商品を思い浮かべてください。買って損することしか書かれていない商品をレジまで持っていく人がいるでしょうか？

また、スーパーの商品を見るとわかりますが、それぞれの商品には、ひとつひとつに、その商品のわかりやすい説明とともに、「産地直送」とか、「3つで200円」とか、「日持ちがする」とか、「今が旬」など、その商品の魅力が書かれています。その商品が何なのか知り、魅力的な部分を見つけて人は買っていくのです。

だから、あなたがいい恋愛をしたいなら、まず自分の売りが何なのかを知り、さらに自分という商品を「恋人にするとこんなところがオトクですよ」と売り込むことが、

重要となります。

そのためには、まず自分を知らないといけません。

自分を知ることはとても難しいです。ここではふたつのことを覚えておきましょう。

**1）他人は、あなたを「自分にとって何の役に立つか」という視点でしか見ていない**

たとえば会社の上司は、あなたが「会社にどんな利益をもたらすか」という視点でしか見ていません。あなたも会社の同僚が休日をどうすごしているかには興味がないでしょう？　だからあなたは、男性があなたを恋人にするならあなたの何がメリットで、何がデメリットかだけを知っておけばよいのです。男性が考える一般的なメリットはこの本で述べている通りです。一言で言えば「見た目」と「居心地のよさ」でしょう。結婚を考えている男性なら、加えて年齢や、バツイチかどうかなどの条件も重要です。あとは、キャビンアテンダントやモデルなどの「ステイタス」、会話が盛り上がるかどうかなどの「頭のよさ」、「胸の大きさ」など人それぞれです。あなたに何か売りはありますか？

## 2）腑に落ちるポイントを探すこと

もしあなたの恋愛がいつも数ヵ月で終わるなら、その理由を、あなたが納得できる形でわかっている必要があります。合コンでいつも誰からもアプローチされないのにも理由があります。それらは複雑でも入り組んでもいないはずです。この世界はとてもシンプルです。たとえば「見た目が悪い」「自己中心的」「重い」「ネガティブ」「男を振り回しすぎ」など、誰もが説明できる簡単なことでしょうね。

自分だけで分析するのが難しいなら、仲のよい友人に聞いてみるのもいいと思います。

「恋愛がうまくいかないのはなぜだと思う？」「私の魅力って？」「私は女性としてどれくらいのレベルだと思う？」「私にもっと似合うメイクや服装ってあるかなぁ？」など、いろいろな側面から聞いてみましょう。

あなたが他人を見て「なぜうまくいかないか」がわかるように、他人もあなたがなぜうまくいかないかが見えているでしょう。あなたのダメな部分が見えていて、本音できちんと指摘してくれる、仲のよい友人に助言をもらうのがポイントです。

人は相手を傷つけるのを嫌うので、「自分を変えたいから、傷ついてもいいから本音を教えて！」とその友人に言う必要があります。自分を知ることはとても難しいですが、その努力を絶やさないようにしましょう。

そして次に、売り込む自分を好きにならないといけません。

自分が気に入らない商品を他人が気に入るはずがないからです。あなたが自分を嫌いなら、たとえ一時的にうまくいっても、最後には壊れます。恋愛関係がうまくいく女性は、自分には愛される価値があると知っているのです。

したがって、まずあなたがすべきことは、自分の好きなところ、自慢できるところ、売りをノートに書き出すことです。どんな些細なことでもかまいません。

「目が好き」「髪がきれい」「何があっても嘘はつかない」「貯金が上手」「料理が上手」「マッサージが得意」「映画が好きで映画の話なら盛り上がれる」。

これら好きなところや売りを書き出し、財布の中に入れるなどして、いつでも確認できるよう身につけるといいでしょう。ひとりになれる場所でときどきそのメモを見てみるのです。

自分のネガティブなポイントも書き出しましょう。「見た目が可愛くない」などのネガティブな部分が明らかになっても落ち込む必要はありません。その場合はRule21の「無償の愛」などそれに適したアプローチの方法があります。

話が下手ならメールでのやりとりに力を入れるのも手でしょう。聞き手に回るとか、話し上手になる訓練をするのもいいと思います。

たとえばスーパーにはたくさんのお酒が置いてあります。でも、誰もが高級なお酒をほしがるわけではありません。値段が手頃なお酒や、無名の銘柄《めいがら》のお酒を買っていく消費者も多いのです。重要なことは自分がどんなお酒かを知り、何が売りかを知り、興味を持ってもらうことです。

自分の嫌いなところは、その解決方法だけを紙に書いて持ち歩きましょう。たとえば「無償の愛で行動するとうまくいく！」などです。

♥格　言♥

自分を〝商品〟ととらえ
客観的な目でその価値をはかるべし

Rule 35

# 相手を深く知ることが攻略の第一歩。詳細なプロファイリングを行うべし

自分の市場価値がわかったら、続いて「彼」をよく知ることが大事。彼のプロファイリングをすれば、今後の恋愛に大いに役立つことでしょう。

まず恋愛遍歴。彼と恋愛の話で盛り上がったとき、「どんな恋愛をしてきたの？」と軽い感じで彼に聞きましょう。過去の恋愛話を、素直に興味を持って聞いていくと、その男が女性をどんなふうに見ているか、どんなふうにかかわってきたかが見えてきます。

過去の恋愛遍歴でいつも恋愛が長続きしなかった男は、多くの場合、今後も長続きしません。その男が初めから長続きさせる気がないか、もしくは、女性を短期間でうんざりさせる要素を持っているからです。

たまに、女性経験のない男が見栄をはって「3人くらいつき合った、みんな3ヵ月くらいで別れた」などと言うこともあります。見栄をはった場合、長くつき合ったと

言うと詳しいエピソードを聞かれるので、短いつき合いに設定しがちなのです。

ただ、一度も女性とつき合ったこともない男も、最初の恋愛では女性を傷つけがち。「過去の恋愛が長く続かなかった」恋愛遍歴を語る男とつき合うと痛い目にあう可能性が高いと知っておきましょう。

次に、「俺はモテる」と自慢する男や、「二股なんて当然。三股だってかけたことがある」などと言う男。こういう男は、女性を「人」ではなく「もの」として扱っている可能性が高いので、あなたも同様のひどい扱いを受ける可能性が高いです。

また、「過去の恋愛がトラウマになって女性不信」と言っている男も、女性に対してひどい扱いをする可能性があります。女性不信と言えば、悪いことをしても許されるという考えを持っている可能性が高いのです。

さらに、秘密が多い男には注意が必要です。ほかにつき合っている女性がいたり、常に新しい女性を狙っている男は、自分の行動を秘密にしなくてはならなくなるからです。些細なことで嘘をつく男にも近づいてはいけません。そんな男はあなたとまじめにつき合う気がなく、何かあれば逃げるし、ごまかす可能性が高いです。これらはＲｕｌｅ16に書いた要注意男の可能性が高いです。

過去の恋愛の失敗話や傷ついた話などは、プロファイリングをするときにとても重要な情報です。知っておくと、彼の求める恋愛がわかってきます。

たとえば、「前の恋愛で彼女に振り回されて疲れてしまった」ならば、次の恋愛に「やすらぎ」を求めている可能性が高いもの。「あなたとつき合えば、きっと毎日やすらげる」と彼が思うように気をつけながら接していくと、恋愛成就の確率がグンとアップするでしょう。

この段階でしてはいけないのは、彼の口を閉ざさせてしまうこと。

会話の途中で彼の価値観を否定したり、非難する素振りを見せてはダメなのです。基本的に人間は、対している相手と価値観を合わせながら会話をしようとするもの。否定されたらそのとたん、話題を変え、彼は本性を隠してしまいます。

たとえば彼の「一度に５人とつき合った」という告白に、「男として最低！」とあなたが言えば、彼はたちまち口を閉ざしてしまいます。どんなに「信じられない！」と思っても、「そうなんだ。５人ってすごいね！」と乗ってあげて、彼を泳がせるのが情報収集のカギなのです。

続いてチェックすべきなのは、「彼があなたとどのようなかかわりを望んでいるか」

ということ。ちゃんとつき合おうとしているのか、ただセックスだけしたいと思っているのか、それとも距離を置きたいと思っているのか。彼のスタンスによって、こちらのとるべき戦略が変わります。

チェック方法はとてもシンプル。Ｒｕｌｅ39の距離の項目を見てください。彼があなたに近づく発言をしたら、体の関係か恋人関係かどちらかを望んでいるサインと思ってＯＫです。

あなたに近づく素振りがまったくなく、逆にあなたが近づくと離れるようだったら（具体的にはＲｕｌｅ39の離れる行動を彼がとるなら）、残念ながらあなたは「恋愛対象外」。

また「仕事が忙しいから、恋愛をするモードじゃないんだ」「恋愛ってよくわからないんだよ」などというセリフも、あなたと距離をつめたくないという本音の表れ。同様に、あなたに近づきながら、「元カノが忘れられない」「仕事が忙しくて思うように会えないかもしれない」など、手放しで近づかないというような発言は、あなたと誠実につき合う気がない可能性があります。

Ｒｕｌｅ12でお話しした通り、言葉は相手を思い通りにするための道具なので、彼の発言で自分の心がどう動くかを考え、彼が自分とどうかかわろうとしているのかを分析してください。

彼の恋愛観とあなたへのかかわり方がわかったら、続いて彼のサバイバルスキルを見てみましょう。

人間としての魅力、社会人としての将来性、プライドや価値観、仕事に対する情熱や実力、力を入れている趣味や夢、現状に納得できているかどうかなど、彼を構成しているさまざまな要素を見ていくのです。

たとえば、経済観念を見てみると、飲み屋やコンビニで彼は無駄な買い物をしていませんか？　デート代は割り勘ですか？　友達におごったりしますか？　彼は何にお金をかけ、何にお金をかけないのでしょう？

たとえばジムなど自分の体作りにお金をかけ、あなたにお金をかけない男性は、それだけで彼の優先順位がわかります。

彼の将来の夢を「すごいなあ」「素敵だな」と思って見ていてはダメです。夢を語る男性は、今の自分の立場に納得していないのかもしれません。

それに対して努力をしているか、口先だけか、今の立場が不安定か、安定しているかを見てみましょう。

さらに、彼のコミュニケーションスキルはどうでしょう？　彼は思いどおりにならないあなたを怒ったり、嫉妬したりして、たくみに言葉で動かそうとするかもしれません。彼の言葉に行動はともなっていますか？　彼は何かに追いつめられると逆ギレするかもしれません。

彼に会うたびに、彼を観察した結果や仮説をノートに書いていきましょう。さまざまな側面から彼をチェックすると、彼のキャラクターがくっきりと見えてきます。派手好きなのか、地味なのか、洋服の好みや好きなたばこやお酒の銘柄、乗っている車など、目からの情報も大切です。

車に乗ったり部屋に入れたりしたときは、彼の情報が集められるチャンス。「この食器珍しいね」など、その情報をもとに無邪気に質問をすれば、喜んで話し始めるかもしれません。

この地点までプロファイリングが進むと、彼のキャラクターがイメージとして浮き出てきます。こうなると、恋愛戦略はとても立てやすくなります。

というのも、彼のサバイバルスキルと恋愛観、あなたへのスタンスがわかっているイコール、彼の言動が予想できるからです。

たとえば「大げさで金づかいの荒いブランド好きな男」は、休日にハワイに行くことはあるでしょうが、熱海を旅行先に選ばないと予想できます。もし彼が熱海に行ったとなると、そこに違和感が生じます。

その場合、他の女性など彼の意思と違う何かが働いたかもしれないし、あなたのプロファイリングに間違いがあるのかもしれません。

人は誰でも、それぞれのキャラクターを持ち、そのキャラどおりの言動をするのです。

自分と彼のキャラさえ把握できれば、Ｒｕｌｅ40のシナリオ作りがぐんと楽に、よりリアルに進められるようになるのは、言うまでもありません。

♥格言♥

**まずは彼を泳がせて情報収集。**
**彼のキャラをつかんで心もゲット**

Rule 36

# 恋の駆け引きの第一歩は自分が彼の恋愛対象内か否かを見きわめることから

あなた自身の価値と売りを知り、彼のプロファイリングが済んだら、もうひとつ、彼を落とす駆け引きを進めるために重要なことがあります。

それは、あなた自身が、彼にとってどんな存在であるのか、その立ち位置を知ることです。

〝立ち位置を知る〟とはつまり、あなたが彼にとって、「恋愛対象内」か、「恋愛対象外」なのかを見きわめるということです。あなたが彼にとって、恋愛対象内であるかないかによって、恋の駆け引きはまったく変わってきます。駆け引きを成功させるために、この見きわめはとても重要です。

やり方はとっても簡単。あなたが相手に少し近づいてみればいいのです。

さりげなく食事に誘うのもいいですし、メールを今までより頻繁に送ってもいいでしょう。さらには言葉で、「あなたを素敵だと思っている」と、何気なく伝えてもいいでしょう。

あなたが恋愛対象内の場合、彼はあなたとの距離を縮めたいと思っていますから、あなたが近づく行動をとれば、喜んでそれに乗ってきます。あなたが近づいても逃げないどころか、向こうからさらに近づいてくるでしょう。

具体的には、あなたの誘いに喜んで乗るとか、メールを頻繁に送ってくるようになるなどです。

逆に、あなたが恋愛対象内でない場合、彼はあなたと距離を縮めたいと思っていません。だから、あなたが近づく行動をとれば、彼は受け身でい続けるか、あなたから遠ざかろうとするでしょう。

たとえば、メールの返信は来るけど彼からのメールはないとか、メールの返信すらなくなるとかです。

近づくことで彼のテンションをはかる方法を「近づく刺激」と僕は呼んでいます。この刺激で彼が受け身でいるか、遠ざかるなら、ただちにこの刺激をやめましょう。それが彼の答えだからです。近づく刺激をしすぎることで、あなたの下心がばれてしまうので要注意です。

距離を縮めたり、遠ざかったりする行動については、Ｒｕｌｅ39に具体的に書いています。これを参考にして、「近づく刺激」、あるいは「遠ざかる刺激」を、彼に与えてみてください。

ただＲｕｌｅ29にあるように実際はもう少し複雑です。あなたがＲｕｌｅ29の3～5なら、恋愛対象内と考えていいでしょう。

あなたが彼にとって恋愛対象内か否かによって、とるべき戦略は変わってきます。恋愛対象内ならＲｕｌｅ39を参考に「手に入りそうで入らない距離」をキープし、恋愛対象外ならＲｕｌｅ37を参考に恋心を隠して「居心地のよさ」を提供し続けるのです。

それぞれ合った戦略をとって彼を攻略しましょう。

♥格言♥

**自分が相手にとってどんな存在か、**
**それを知ってから恋愛戦略を立てるべし**

Rule 37

# 外見から「恋愛対象外」になってしまったあなたが彼を夢中にさせる方法

「男は女性の外見を重視する」のはまぎれもない真実。けれどもそれは、あくまでも入り口であり、好きになるための一要素です。

Ｒｕｌｅ２や３で書いたように、男はあなたの見た目を一瞬で判断し、「恋愛対象外」となった女性はいったん彼の視界から消えてしまいます。しかし、あなたと何度も会っているうちに、彼はあなたの内面を評価し、それが素晴らしいと思うと、あなたの存在が再浮上するのです。

たとえば、初めは、「あまり可愛くないし、おばちゃんじゃん」と評価していても、あなたのおしゃべりが楽しかったりあなたが何気ないやさしさを見せたりすると、「この人とてもいい人だな」と思い直すわけです。人柄がいいことに気づくと、彼はあなたの外見もプラスに評価し直します。「意外と笑顔が可愛いな」とか「無邪気な仕草がいいな」と思ったりするのです。

外見で彼の恋愛対象から外れてしまった人は、このように、内面を評価してもらうことで、まずは恋愛対象内に入る必要があります。そこから、Ｒｕｌｅ38以降でお話しする、彼を引きつける駆け引きが有効となってくるのです。

では、その「内面」とは何でしょう?

Ｒｕｌｅ34で書いたように、人は相手のよさを自分から見た利益ではかっています。たとえば、あなたがファミレスに行ったら、その男性店員が格闘技に強いかどうかなんてどうでもいいでしょう。その男性店員が、あなたのコーヒーがなくなったらちゃんと入れてくれ、注文を間違いなく聞いてくれることが重要なのです。

つまり、男に愛されるための〝内面〟とは、決して海外旅行にたくさん行っていることでも、上手にダンスを踊れることでも、写真を上手にとれることでも、仕事ができることでもありません。

男が「一緒にいて楽しい」「居心地がよい」と感じる女性になることが大切なのです。この居心地のよさや楽しさは、「男の価値観を理解する能力」や、「男を受け入れる能力」が作り出します。

男の価値観を理解する能力については、Ｒｕｌｅ８を参照してください。ここでは、

「男を受け入れる能力」について考えていきたいと思います。

男を受け入れる能力とは、ありのままの相手を丸ごと愛する、ということです。男はダメ出しや批評をされることを、とても嫌がる生き物です。あなたはこれまで、彼に対して文句を言ったり、評価をしたり、アドバイス（という名のダメ出し）をしたりしていませんでしたか？

これらの行為は、彼の居心地をどんどん悪くしていくNG行動なのです。

「あなたの仕事の仕方は間違っている」というものの考え方から、「この場所にシャンプーを置かないで」「たまにはおごってくれたらどうなの」といった日常の不満や要求まで、ダメ出しのワナはたくさん転がっています。

これを極力口に出さないようにするだけで、彼はあなたに『居心地のよさ』を感じ始めることでしょう。

もちろん、すべての不満をため込む必要はありません。10の不満のうち、ひとつだけを口に出すようにしてみましょう（9個がどうしても我慢できないなら、価値観が合っていないのかもしれません）。

それができたら、相手の気持ちを読み、彼が今どんなことを求めているのか、何を言ってほしいのか、どうしてほしいのかを探ってみましょう。そして、それを満たす行動をとるのです。

これらの能力を身につけることこそ、「内面を磨く」ということです。

あなたが彼の「恋愛対象外」の場合、まずはこうした行動をとり、彼にとって「居心地のいい女」になることを目指しましょう。ほかにもRule6、8〜11、21を参考にしてください。

ただし、Rule5にも書いたように、このときにあなたの恋心を絶対に見せないことが重要です。「彼のことを好きだから」ということがばれてしまうと、すべてが下心に見えてしまい、「居心地のいい女」どころか「打算的な女」になってしまいます。

好意は隠して居心地のよさを長期的に与え続けることが重要なのです。

♥格言♥

**スキルアップに励んでも恋は近づかない。ダメ出しや要求をしない努力が肝心**

Rule 38

# 彼の頭の中に「恋愛回路」を作り、あなたへの恋心を燃えあがらせろ！

好きな人のことが気になって、四六時中彼のことばかり考えてしまう。どうしても彼を手に入れたい、愛されたい……。

このような状態になった経験は、誰にでもあるはず。いわゆる「恋の病」にかかっている状態です。「好きな人を手に入れたい」「彼にちゃんと愛されたい」などとずっと考えていると、脳のある部分に、「その相手のことを常に考えている領域」ができてしまいます。

僕はこの領域を、「恋愛回路」と名づけました。この回路ができると、相手にどんなひどいことをされても、周囲に反対されても、その人のことをあきらめることができなくなります。

自分のなかに恋愛回路ができると、それに振り回されて大変な思いをするものです。逆にこれを相手の中に作ってしまえば、彼はあなたの虜《とりこ》になってしまうでしょう。

次の3つの条件を満たせば、彼の中にあなたへの恋愛回路が生まれます。

**1）彼があなたのことを好きであること**
**2）手に入りそうで入らない距離を作ること**
**3）あなたが彼にとって貴重な存在であること**

まず1について。彼があなたに恋愛感情を持っていないことには、何も始まりません。最低限、「恋愛対象」として好意を持たれていないとダメなのです。最初にすべきなのは、自分が彼にとって「恋愛対象か」「恋愛対象でないか」を見きわめること。これに関してはＲｕｌｅ36に書きました。

続いて2の「手に入りそうで入らない距離を作る」について。

男は、女性が「もう少しで手に入りそうなのに入らない」という状況のときに、「手に入れたい！」と強く思うようになります。ですからあなたは、彼にとって手に入りそうで入らない距離を作る必要があります。

どのようにしてその距離を作るかに関しては、次ページのＲｕｌｅ39で詳しく書いてあるので参考にしてください。

最後に、3の「あなたが彼にとって貴重な存在であること」について。

これは、あなたが彼にとって貴重な存在であればあるほど、恋愛回路が作られやすくなり、強化されていくということです。

たとえばあなたの容姿が美しいとか、彼の唯一の理解者であるとか、料理上手だとか……。

このような武器がある場合、彼は、ほかの女性と会うたびにあなたを思い出し、無意識のうちに比較をするようになります。

そして「あなたのほうが勝っている」と思えば、より恋愛回路は強化されていくことでしょう。

♥格言♥

**外見と長所を磨き、距離を保つ。この3つができれば恋愛上級者！**

Rule 39

# 男の気持ちが盛り上がる「手に入りそうで入らない距離」の作り方

人が何かを欲するとき、「手に入りそうで入らない距離」にもっとも興味を持ちます。たとえば、一般の人は何千万円もする宝石にはまったく興味がわきません。これを「手に入らない距離」と言います。

いっぽうで、あっさりと買える安物の宝石にも興味がわきません。さらに言えば、すでに買ってしまった宝石も、時間がたてば興味を失うでしょう。これを「手に入った距離」と言います。

人は、自分が買えるより少し高い宝石、一生懸命がんばってやっと手に入る値段の宝石に興味を持つのです。これを「手に入りそうで入らない距離」と言います。

恋愛に関しても、これと同じことが言えます。

いくらアプローチをしても相手にすらしてくれない男、いつも可愛い女の子に囲まれている超イケメンには興味がわきにくいでしょう。

逆に、自分のことを好きだとわかって久しい恋人への興味は薄いし、あなたがモテるなら、イイ男であったとしても、アプローチをしてくる男たちを冷静な目で見てしまうはずです。

人が「手に入れたいな」「つき合いたいな」と思うのは、自分ががんばることで振り向いてもらえそうな相手なのです。

恋愛経験のない人は、自分の価値が理解できていないので、自分にとってどこまでが手に入りそうで、どこまでが手に入らないかまるでわかっていません。だから、たとえば10代前半の男子はクラスで一番可愛い女の子や、テレビのアイドルに何年も片思いしたりするのです。

経験を重ねるとともに自分の価値が分かり、心の中の「手に入りそうで入らない距離」と現実の「手に入りそうで入らない距離」が一致してきます。

さらに言えば、男から見た女性の市場価値は年齢とともに低くなっていきます。それに気づかない女性は、かつては「手に入りそうで入らない距離」にいた、今は「手に入らない距離」にいる男を「手に入りそうで入らない距離」にいると思っていたりします。

つまり、現実に「手に入りそうで入らない距離」にいるかどうかは関係なく、その人が主観的に「手に入りそうで入らない距離」にいると思っている対象に、人は強くひかれるわけです。


あなたが彼の心をつかみたいなら、彼の「手に入りそうで入らない距離」にいないといけません。この距離感を保つことで、彼の気持ちを引きつけ、盛り上げることができるのです。

ただし、その前に、まずはＲｕｌｅ36でお話ししたように、自分が彼の恋愛対象内か否かを知る必要があります。恋愛対象内にいる場合のみ、この「手に入りそうで入らない距離」で彼の心をつかむ駆け引きは効果があるからです。

恋愛対象外の場合は、そもそもあなたに興味がありませんから、いくら距離を調節したところで彼の気を引けません。たとえば、もともと宝石にまったく興味がない人は、どんな値段の宝石にも興味がわかないでしょう。だから、この駆け引きは少なくとも相手がそれを欲していることが前提条件となるのです。

彼にとって恋愛対象外となるあなたは、戦略が異なります。Ｒｕｌｅ37で書いたように、恋心を隠して居心地のよさを提供し続けるという駆け引きをし、まず彼の恋愛対象内に入ることから始めなければなりません。他にも、Ｒｕｌｅ６、８～11、21が役立つはずです。

さて、あなたが彼にとって手に入る距離にいるのか、入らない距離にいるのか、見きわめる方法は簡単です。彼に「近づく行為」あるいは「離れる行為」をしてみるのです。

もしあなたが彼に近づく行為をして彼のテンションが低くなるなら、あなたはこれまで「手に入った距離」にいたことになります。逆に、彼に近づいて彼のテンションが高まるなら、これまで彼の「手に入らない距離」にいたことになります。

いっぽうで、もしあなたが彼から離れる行為をしても彼のテンションが低いままなら、あなたは彼の「手に入らない距離」にいるということになるし、あなたが彼から離れて、彼のテンションが高くなるなら、これまであなたは彼の「手に入った距離」にいたことになるでしょう。

こうして距離をはかり、「手に入りそうで入らない距離」を保つのです。これを一定期間続けることで、彼の気持ちが盛り上がっていきます。Ｒｕｌｅ29、30とあわせて考えるといいでしょう。

では、具体的に「距離を近づける行為」「離れる行為」とはどんなことを言うのでしょうか。次に、あなたが彼に近づく行為、離れる行為の具体的な例をあげてみました。

**1）あなたが彼に近づく行為**

●体：ボディータッチなど体に触れる行為。手をつなぐ、体をくっつける、キス、セックスなどが近づく行為。

●デート：自分からデートに誘う。相手からの誘いを断らない。

●連絡：あなたのほうから相手に連絡を取れば、メールだろうが電話だろうが近づく行為。

●優先順位：彼を最優先すればそれは近づく行為。たとえば、週末彼のために予定を空けておいたり、彼が呼び出せば必ず応じるなら近づく行為になる。

●言葉：メールでも電話でも、「好き」とか「愛している」と言えば、それは近づく行為。彼をほめる言葉、喜ばせる言葉も近づく行為。ため口や絵文字など親しい言葉づかいは近づく行為。電話での話す時間を長くすれば近づく行為。メールでの文字数を増やせば近づく行為となる。自分からの電話やメールの頻度は高ければ高いほど近づく行為となる。

●特別扱い：彼だけに相談する。彼だけに秘密を打ち明ける。彼だけを認める発言。彼だけに何かをしてあげるなどは近づく行為。

●尽くす行為：彼に弁当や夕食を作ってあげる。掃除や洗濯をしてあげる。彼のために旅行の計画を立てる。手間ひまやお金をかけたプレゼントをあげるのも近づく行為となる。

●媚びる行為：彼が理不尽なことを言っても怒らずに受け入れる。彼の顔色をうかがい、彼のしてほしそうなことをしてあげるのは近づく行為となる。

●態度：彼と一緒にいるときに楽しそうにしている。彼の話を真剣に聞いてあげる。彼の前でうきうきしてテンションが高い様子を示すのは近づく行為。笑顔は近づく行為。彼を見つけると大きく手を振ったり、彼の飲んでいるジュースを飲んだりするのも近づく行為。親しげに接するのは近づく行為。視線を合わせ、彼を見つめるのは近づく行為。体の距離が近ければ近づく行為。

●ファッション：肌を露出するのは「すぐヤレそう」と彼が思うので、近づく行為。カジュアルな格好は、プライベートを明かしていることになるので近づく行為。

**2）あなたが彼から離れる行為**

●体：これまで体に触れていたのが触れなくなれば離れる行為。彼が体の距離を近づけようとしたのに、それを拒否すれば離れる行為となる。また常識的な距離より離れれば、それは離れる行為となる。たとえば、これまで手をつないでいたのがつながなくなったり、彼がセックスを誘ったのに断る、ふたりでカラオケを歌っているのに必要以上に離れた場所に座るなど。

●デート：自分から誘わない。相手の誘いをどんな理由でも断れば離れる行為。

●連絡：自分からしない、相手からの連絡をスルーしたり、電話ならコールバックをしなかったり、連絡の頻度を減らせば離れる行為。

●優先順位：ほかの予定を優先し、彼の優先順位が低いなら離れる行為。たとえば「今週末空いてる？」と彼が聞いても「ごめん、友だちと遊ぶ約束があるんだよね」と言えば、それは離れる行為になる。「どうしても見たいテレビ番組があって遊べない」と言えば、その番組より優先順位が低いことになる。彼にメールを返さず、彼が「なんでメールくれないの？」と言われたとき、「ごめん、仕事が忙しくて」と言えば、仕事を彼より優先していることになる。「電話をなぜくれなかったの？」と言われたら「ごめん、疲れて寝ちゃった」と言えば、彼より睡眠が優先となっている。それらすべてを優先するなら、彼の優先順位はかなり低くなり、大きく離れることになる。

●言葉：絵文字を使っていたら、それをなくせば離れる行為。丁寧語、尊敬語は離れる行為、文字数が普段より少なければ離れる行為となる。プライベートな内容をなくし、事務的な内容になれば離れる行為。電話で話す時間を短くする、自分から電話を切るのも離れる行為となる。名前の呼び捨てが、名字になり、さん付けとなると離れる行為となる。

●特別扱い：ほかの人と同等か、それ以下の扱いをすれば離れる行為。たとえば会社の同僚とどこかに行くとき、彼の存在を忘れているふりをするなら離れる行為。彼の誕生日を忘れたふりをするのも離れる行為になる。

●尽くす行為・媚びる行為：尽くす行為や媚びる行為をしないのも離れる行動となる。彼が理不尽なことを言えば即座に別れを決意し、彼のしてほしいことをしてあげないのは離れる行為。さらに言えば、彼に尽くさせるのは離れる行為。彼に家まで送らせる、彼に高い買い物をさせるというのは、彼がそこまでしないと自分の愛情は得られないということで離れる行為となる。
●態度：彼と一緒にいて退屈そう、不機嫌であれば離れる行為。初対面の年上の人に接するような態度は離れる行為。視線を外すのは離れる行為。
●ファッション：普段にくらべて堅いファッション。肌を露出しないファッションは離れる行為。

1と2を見比べるとわかりますが、近づく行為と離れる行為は基本的に逆のことをしています。

ちなみに、小悪魔本や、これまでの多くのルールブックで推奨《すいしょう》している行為のほとんどが「離れる行為」になります。多くの女性が男性を冷めさせるのは、近づく行為をしすぎているということ。つまり、「近づく」＝「手に入った距離に入る」ことで、彼のテンションを下げているということです。

さて、「手に入りそうで入らない距離を保つ」には、1と2の行為をバランスよく行うことをおすすめします。もし、今、あなたが1の行動をとりすぎて彼が冷めているなら、2の行動をとらなければなりません。2の行動をしすぎて彼が冷めているなら1の行動をとる必要があります。

この場合、急に極端なことをしてはいけません。2の離れる行動をしすぎたなら、ほんの少しだけ1の近づく行為をするのです。効果がすぐに現れる場合もあれば、時間がたって現れる場合もあります。いっぽうで1の近づく行為をしすぎた場合、2の離れる行為を長期間続ける必要があります。いったん相手が手に入った距離になれば、たとえ2の行為を少し行ったところで、どうやら人は、相手がなかなか離れたと思いにくいもののようです。

つまり1をしすぎたら2をし続けながら様子を見る。2をしすぎたなら、1を少しだけして様子を見る。これを効果が現れるまで数ヵ月続けることです。

このときあなたはあわてる必要はありません。天秤《てんびん》の片側がばたんと傾いたなら、少しずつ反対側に重しを載せ、時間をかけて天秤が釣り合うようにすればよいでしょう。

また、これらの行為は重さも異なります。たとえば「セックスをする」と「手をつなぐ」では、同じ近づくのでも近づき方が違うのです。たとえば、「セックスをする」というのは急激に近づく行為、「彼からの連絡を無視し続ける」というのは、急激に離れる行為となります。

これらの急激な行為は、かえって相手を混乱させ、冷めさせてしまう危険性があります。このような行為は、Ｒｕｌｅ44、46、50など、これまでの駆け引きではうまくいかなくなった場合や、復縁のためにとる緊急の手段だと覚えておきましょう。

もし、「セックスをする」という急激に近づきすぎる行動をして相手が冷めたなら、離れる行為を少しずつ重ね続けて、彼のテンションが高まるのを待ちましょう。

♥格言♥

**近づいたり離れたりを効果的に繰り返し彼の心を引きつけろ！**

Rule 40

# 好きな彼を手に入れるために あなたと彼を主役にした〝シナリオ〟を制作せよ

利害関係は交渉によって決まります。つまり、お互いの損得を考えて交渉をし、ふたりが納得のいく形で関係性が決まるわけです。恋愛もその例外ではありません。交渉を有利に進めるには、自分が持っているものを相手に「心からほしい！」と思わせることが重要となります。たとえば、あなたが好きになった男性にいきなり「好きです」と告白しても、その男性があなたを心からほしいと思っていない場合、あるいはその男性が、あなたに高い価値を感じていない場合、その告白を受け入れないでしょう。

ですので、彼を手に入れるためには、告白をする前に、彼にあなたのことを好きにさせる必要があるのです。そのためには、どうすればよいか。あなたと彼を主役とした〝シナリオ〟を作るのです。そのシナリオに従ってあなたは行動し、彼を自分のほうに向かせるように仕向けるのです。

あなたは恋愛映画を観たことはありますか？　あるいは、恋愛ドラマを観たことはあるでしょうか？　漫画でもかまいません。リアリティのあるストーリーには、典型的なシナリオがあります。それと同じシナリオをあなたも作るのです。

そのときは、次の４つのステップが重要となります。

Ｓｔｅｐ１　相手と自分を客観的に分析し、正確に知る。

Ｓｔｅｐ２　その知識をもとに、彼を主人公に「恋愛ドラマのシナリオ」を書く。まず役柄は決まっています。ヒロインはあなた。そして主人公は彼です。このふたりにリアリティがないといけません。

Ｓｔｅｐ３　言葉だけでなく、行動や時間、タイミングをうまく使いながら、自分の役を演じる。

Ｓｔｅｐ４　臨機応変にシナリオを書き換え、相手を動かしながらエンディングまで到達する。

ポイントとなるのは、シナリオライターとしての客観的な視点。感情に溺れず、他人の目でふたりの関係を見、シナリオを書いていくことです。そうすることで、自分が思い描く未来へと到達できます。彼の性格と状況、あなたの立場とキャラが正確にわかっていれば、あとはキャラクターが勝手に動いてくれるはずです。

「商社に勤める、どちらかと言えば地味な僕（あなたの好きな人）は、同僚のA美に憧れていた。ところがある日の合コンで、B子（あなた）に出会う。B子ははっきりいって好みではなかったが、話してみると共通の話題が多いことに気づいた……。そこで、連絡先を交換した」

このように相手と自分の状況をそのまま、彼の視点でつづっていきましょう。そしてどのようにB子が動けば、彼とハッピーエンドを迎えるかを考え、ストーリーを作るのです。状況が変わるたびに、シナリオを書き換えながら、ハッピーエンドを目指していきます。

では、具体的なシナリオの作り方をお教えしましょう。

## 1）役柄を決める

あなた、彼、ライバル、共通の知人など登場する人物とその役柄を決めます。注意点は、①なるべく登場人物は少ないほうがよい。あなたと彼のふたりがベストですが、登場人物が多いなら仕方がありません。登場人物が多いほどシナリオは複雑になり、相手を思いどおりにできにくくなります。②自分の性質、彼の性質、彼にかかわる人の性格をきちんと知っておく。キャラクターとしてきちんと設定すると、勝手に人物が動き出します。勝手に動き出す人物と実際の人物の行動が一致していればあなたは駆け引きにおける優秀なシナリオライターです。③彼のあなたに対するテンションを知っておくこと。あなたは彼の恋愛対象内かそうでないか、今の彼のテンションは？など。

## 2）場面を設定する

それぞれの人が置かれている状況を正しく描きましょう。彼は正社員なのか、フリーターなのか、忙しいのか、夢を持っているのか、仕事はうまくいっているのか、恋人はいるのか、いるとすればその女性は何歳で、どんな性格で、見た目はどうなのかなど。彼があなたやほかの人物とどうかかわっているのか？　たとえば同僚、出会い系サイトで出会ったなど。事実をもとに詳細に設定します。

## 3）回数を決めシナリオを描く

ドラマの始まりから、彼があなたに告白をする感動のエンディングまでの放送回数を決めます。12回から24回程度が妥当。すべてのシナリオを最初に書く必要はなく、1話か2話ずつでよいでしょう。両思いが最終話なら、「片思いの彼が私のことを気になり始めるまでのシナリオ、2話分」でいいのです。シナリオを書く際には、回ごとに見せ場を盛り込む必要はなく、途中途中、ポイントとなる回で転機となる重要な場面を盛り込みましょう。「彼はあなたに何も感じていない」という1話だってありますし、「ライバルとうまくいってしまう」1話だってあるでしょう。

たとえば「僕はA子（あなた）が気になり始めている。でもA子が自分のことを好きかどうかわからない。僕は自分に自信がなく、告白ができなくておろおろしている」という1話。次の1話は「あるとき、僕がいつものようにA子とデートと言えないデートをしていると、急にA子が僕のそばに寄ってきて手をつなぐ。僕は突然の彼女の行動に心臓がドキドキする」という感じ。

あるいは、また別のシナリオで、怒らせてしまった彼の心を取り戻すなら、「僕は恋人であるA子と喧嘩《けんか》をした。僕はまったく悪くない。でもその日以来彼女からの連絡は途絶えた。僕が何度連絡をしても返事がない。怒っているのだろうか？　知ったことかよ！」という1話ないし数話。その次の1話に「2週間たったあるとき、急にA子に呼び出される。またダメ出しをされるのではないかとうんざりしながらもA子に会いに行く。久しぶりに会うA子はとてもきれいで僕の心をとらえる。A子は鞄《かばん》から手紙を出し、僕にこれまでの謝罪と感謝の言葉を読み始める。彼女は途中で泣いてしまう。僕はしばらく聞いていて言葉を失い、急に涙が出てA子を抱きしめる」などです。

ちなみにこのシナリオは、昔実際に僕が似たものを書き、相談者にやらせました。それで彼女は彼の心をつかむのに成功しました。彼と彼女のキャラクターを完全に理解したうえで彼の行動が自然と頭に浮かび、このような少しくさい演出を考えたわけです。

## 4）状況が変わればストーリーも変える

たとえば、途中で彼に恋人がいることがわかれば、登場人物を加え、ストーリーを書き換えるなど、状況に応じてシナリオを変えていきます。彼から返ってくるはずのメールが返ってこない場合もシナリオは変わります。過去の話はすべて現実の話と差し替え、それをもとに、未来の話を書いていくのです。要はドラマチックな展開を含む恋愛シミュレーションをするわけです。

**５）重要なポイント**

●シナリオはすべてにおいてリアリティを重視。
●「僕が切なくなり」「僕が不安になる」というように、彼の目線でドラマを作る。
●強引なストーリー展開、あり得ない展開はＮＧ。
●基本的にあなたという役がストーリーを展開させる（あなた以外の登場人物はあなたの思い通りに動かないからです）。
●エンディングは、あなたの望みどおりになること。
●ストーリーの展開には、このルールブックを必ず利用すること。このルールブックに沿っているシナリオは現実になりやすいです。人の心、男女の心の性質が書かれているからです。このルールブックを理解すればするほど、現実化するいいシナリオが書けるでしょう。このルールブックに彼が沿わないなら、一番考えやすいのは、あなたの登場人物の役柄作りが間違っているということ。たとえば、実はいないと思っていた彼に恋人がいたとか、実は彼は仕事が忙しいのではなく、あなたのしつこいメールにうんざりして、連絡しなかったなど、何か大きな間違いがあるのかもしれません。もう一度このルールブックを用いて、役柄や場面設定を見直す必要があります。

●12話でうまくいかないときは24話に延長させる。不測の事態はいつでも起こります。強引にストーリーを終わらせることはできません。

●クリスマスやバレンタイン、ホワイトデー（Rule44参照）、思い出の場所、彼の好きなものなど使える小道具を有効に使い、映画やドラマのような〝くさい演出〟をする。もちろん彼の心をつかむためには、「クリスマスなのにA子から連絡が来ない」という1話だってありえます。

♥格言♥

**マニュアル化された駆け引きではなく**
**オリジナルのシナリオで彼を手に入れろ**

Rule 41

# 恋愛の駆け引きを有利に進めるために自分から彼を誘うのはやめるべし

あなたが彼の「恋愛対象内」にいようと、「恋愛対象外」にいようと、やってはいけないことがあります。それは、自分から彼を直接デートに誘うことです。

まず、あなたが恋愛の「対象外」である場合。男はあなたの誘いに無条件に警戒心を抱いてしまいます。男が距離を置こうとするので、次の駆け引きが難しくなりますし、あなたの下心がばれれば、さまざまな戦略がすべて使えない、という最悪の結果を招くかもしれません。

あなたが「対象内」なら、彼はあなたの誘いに乗ってくるかもしれません。けれども「誘う」という行為は、あなたが相手に対して好意を持っていることを確信させかねません。

彼を振り向かせるために必要なのは、あなたが「手に入りそうで入らない距離」にいること。

好きだから彼を誘ってみよう、好きだからデートをしたいという安易な行動は、リスクが高く、おすすめできないということです。

必要なのは、彼に誘わせるよう仕向けるテクニック。

「最近できたあの有名な○○、行ってみたくない?」などと、レストランや新名所にかこつけて、さりげなく話題を持ち出してみるのはひとつの手です。「映画に行きたい」というのではなく、「○○っていう映画が始まったけど、面白そうじゃない?」と、間接的に誘いをかけるのです。

そのときに彼が乗り気でなかったら、「そっか、興味ないんだね」とすかさず引くのがポイント。

彼があなたを「いいな」と思っているなら、「待ってました!」とばかりに、あなたのその言葉に飛びつくでしょう。すぐさま、具体的にあなたを誘ってくるはずです。

あくまであなたは、「誘われたから行く」というスタンスを守りましょう。

また恋愛対象外ではないけれど、相手がそれほどあなたのことを気にかけていない、という場合も考えられます。そんなときは、彼の好きなことや趣味にかこつけるのがおすすめ。

彼の趣味がカメラならば、「私も今すごくカメラに興味があるんです。新しいカメラを買おうと思ってるんだけど、どういうのがいいのかわからなくて……」と、相談するといいでしょう。

自分の興味のあること、得意なことは人に教えてあげたいと思うのが男の習性。このように相談をすれば彼は、「買いに行くのつき合ってあげようか？」「いいカメラの選び方、教えてあげようか」などと言い出すかもしれません。

彼がそう言い出さないなら、無理に誘うのはよけいにＮＧです。

その時はＲｕｌｅ37などに従って、まず彼に気に入ってもらうよう方針転換をしてください。

♥格言♥

女性が身につけるべきテクは
「誘い方」ではなく「誘わせ方」

## Rule 42 ファーストデートの目的は「次につなげること」

初めてのデートに、多くのことを望むのは禁物。「つき合う」「告白」など、余計なことは考えないほうがいいでしょう。

ファーストデートの目標は、相手に「もう1回会いたい」と思わせること。そのために必要なのは、「楽しむこと」です。

1回目のデートは緊張もするし、お互いにまだ相手のことがよく分かっていません。ですから、すべてにおいて無理をしてはいけません。あまりにも個性的な洋服や、派手すぎる、もしくは露出度が高すぎる洋服は避け、無難な可愛らしいファッションで行くのがよいでしょう。

デートの行き先もごくごく普通でOK。カフェや映画館、公園、居酒屋など、「普通の場所」をセレクトするのです。時間帯も午後から終電のある頃までと、常識の範囲内で考えましょう。

洋服にしろ、デートコースにしろ、常識を外れることで彼に気に入られることもあるでしょう。

でも、1回の誤解ですべてが台無しになる場合もあります。最初のデートは様子見をすべきです。彼が奇抜なファッションを好きだとか、あなたの変わっている面が好きとわかっていれば話は別ですが。

自分を売り込んだり、自分をわかってもらおうという努力も、この段階では必要ありません。それよりも、デートそのものを楽しむことが重要です。

男は、常に女性を喜ばせたいと思う生き物。あなたが喜ぶことで「俺ってイケてる」と感じ、その快感があなたへの好意に変わっていきます。

ですから男が企画したデートの場合はとくに、デートコースやレストランなどを、大げさなくらいに喜ぶのがポイント。すると彼は、「もう1回会いたいな」と思いやすくなります。

絶対にNGなのは、彼を批評したり、批判したりすること。これをされると彼は居心地の悪さを感じ、もう一度会いたい気持ちも消えてしまいます。相手の見た目、価値観や考え方はもちろん、訪れた店から出てきた料理、共通の知り合いに対してまで、批評や批判はすべて封印しましょう。

デートの後は、「すっごく楽しかった」というお礼と感想のメールを軽く出しておくのがポイント。自分から「次は○○がしたいです」「○○に行きませんか」などと、積極的なところを見せないほうが無難です。彼から言ってきたなら「ぜひ行きたいです！」と言うのはかまいません。

次の誘いがすぐにないからといって、あせってメールを何通も出したり、「また会ってください」というのは絶対にNG。あなたの目的は「2回目のデートをする」のでなく、「もう1回会いたい」と思わせること、「相手を好きにさせること」なのです。なお、もしその後彼から連絡や誘いがない場合、Rule29などこれまでのルールを参考に作戦を練り直しましょう。

♥格言♥

**最初のデートは「とりあえず無難に」。**
**次につなげたいなら批判はするな！**

Rule 43

## ケータイを効果的に活用して彼の恋のテンションをグンとアップ

彼のことが好きなあまり、メールを一日に何度も送ったり、電話を毎日かけたりしていませんか?

ラブラブのうちはかまいませんし、彼のテンションがそれでも高いならいいですが、ふたりの関係が落ちついてきたら注意が必要です。

頻繁なメールは、彼への関心の高さをばらしてしまいます。男は、自分よりテンションの高い女性に冷める傾向がありますから、みずから恋を遠ざけてしまう結果になりかねません。

女性にとって、メールや電話は大切なコミュニケーションツール。相手とつながっていることを確認したくて、メールや電話に依存する傾向があります。

けれども男にしてみると、メールや電話は情報を伝えるための道具にすぎません。

頻繁なメールのやりとりや、毎晩の用事のない電話は、彼に苦痛を与える危険性があるのです。

これを避けるためには、すべての連絡を相手の基準に合わせること。

メールや電話のやりとりについての感覚は、人によって違います。あなたは「一日5往復が普通だ」と思っていても、彼は「3日に1回で十分」と考えているかもしれません。

ですからまずは、彼のメールや電話の基準を理解すること。そのうえで、彼にとってのスタンダードな回数より、少しだけ少なめにメールを送ると効果的でしょう。

たとえば彼が「メールは一日5回」の人なら、あなたの限度は1日に3回程度になります。

送るメールは、相手よりも「少し少ない」というのがポイントです。たとえば、5行のメールがきたら3行返す、といった感じです。

絵文字を使う頻度やデコメなどのテンションも、なるべく彼に合わせるのが無難でしょう。

やりとりするタイミングにもポイントがあります。大切なのは、相手のテンションを確認しながら、少し遅らせることです。

彼がメールに即レスするタイプなら、あなたは1時間空ける。彼が半日後に返信するタイプなら1日空けるなど、彼のペースに合わせつつ、少しずつ遅らせるのがポイントです。

彼が不満を言ってきたらテンションを高めていいですが、彼より高まってはいけません。

逆にぜんぜん返事が来なくなった場合は、新たな刺激を与える必要があります。こんなときは、自分から1通だけ、何気ないメールを送り、次の出方を待ちましょう。

返事が来たら、数日置いて返信すること。レスが遅かったり、返ってこなかったりしたら、1ヵ月間、自分からのメールをやめましょう。もし彼のテンションに迷うなら、Rule39を参考にしてください。

♥格言♥

**メールも電話も自分基準はNG！相手に合わせて自由自在に調整を**

## Rule 44
# 誕生日、クリスマス、バレンタインデー……〝特別な日〟を使って有利な展開に持ち込むワザ

一年のうちに何日か、特別な意味を持つ日が存在します。

具体的には、彼の誕生日やクリスマス、バレンタインデーです。

誕生日は誰かに祝われたいと思っており、クリスマスに自分を思い出してくれれば嬉しいし、バレンタインデーは女性に愛の告白をされたいと思っているわけです。

この日は特別な日なので、駆け引きも特別になります。

あなたが彼の「手に入った距離」にいて忘れられ、彼が「こいつは俺に連絡を取ってくるな」と確信しているなら、あなたは何もしてはいけません。

あなたは彼を好きだから自分の愛を伝えたいと思うでしょう。でも彼を引きつけたいなら、それは逆効果。ここは我慢をしないといけません。

あなたが何もしなければ、彼は「あれ？　俺のこと好きじゃないの？」と確信が揺らぎます。それにより、Ｒｕｌｅ39でお話しした「手に入りそうで入らない距離」を

作ることができます。彼から離れる行為が彼のテンションを高めるのです。

逆に、あなたが彼を怒らせてしまったとき、彼をワガママで振り回してしまったとき、彼を思いやることができなかったとき、これらの特別な日にメールや手紙を出すのは効果があるでしょう。

あなたの身勝手な行動から別れてしまった場合も有効です。ただそのとき、「私のほうに振り向いてほしい」「私を愛してほしい」という意図を見せてはいけません。

誕生日なら、彼を心から祝い、クリスマスならやさしいメッセージを送り、バレンタインデーなら無償の愛を短く伝えるのです（Ｒｕｌｅ21参照）。

ただし、これまで彼にさんざんつながろうとしたり、ストーカーのように何度も電話をしたり、彼の家の前で待ち伏せしたり、感情的につながろうとする行動をしすぎていたなら、たとえ彼の誕生日やバレンタインデーが来ようとも、その行動から３ヵ月は沈黙を貫いてください。

つまり、その特別な日にも何もしないでください。あなたがやさしいメッセージを送っても、彼は「まだ俺をあきらめていないのか！」と思ってしまうからです。

また、どの場合でも、その特別な日になったばかりの午前0時にメールを送ったり電話をしてはいけません。テンションが高すぎるからです。特別な日のお昼以降に短めのメールを送りましょう。ふとその日に彼を思い出した、くらいのテンションがちょうどいいのです。

クリスマスとバレンタインデーは、日にちが近いですね。人によっては、誕生日も近いかもしれません。その場合、このうちのどれかだけメッセージを送ります。

もし、彼から返事がないなら、そのほかのどの特別な日も何もせずスルーしてください。何度も連絡が来れば、それが彼に「返事をちょうだい！」「私を好きになって！」というメッセージを伝えることになってしまうからです。

当然、クリスマスやバレンタインデーに近い、年末年始の挨拶もいりません。年賀状も出してはいけません。

彼といったんは仲よくなったけれど脈がなくなり、打つ手なしになり、「沈黙（Ｒｕｌｅ46参照）」に入っている女性もいるでしょう。また、彼が忙しくなって、何ヵ月もそっとしている女性もいるでしょう。そのような女性も、この特別な日にはやさしいメッセージを送り、彼の様子を見てかまいません。

あくまで、「特別な日だから連絡してよ！」ではなく、「特別な日だからあなたを思い出した」「特別な日だからあなたにやさしいメッセージを送りたくなりました」という姿勢が大切です。

もちろんあなたの誕生日が来たからといって、彼に連絡するのは論外です。その日はあなたにとって特別なのであって、彼にとっては何の意味もありません。

また、「ふたりが初めて会った日」「つき合い始めた日」などにコンタクトをとるのも逆効果。むしろ彼に、うっとうしいと思われてしまうでしょう。

ふたりの子供を堕《お》ろした供養の日なんてのはもってのほかで、絶対に彼に連絡をしないことです。彼からの申し出がないかぎりひとりで供養をしましょう。

誕生日、クリスマス、バレンタインデーが、別れの日になる可能性もあります。

特別な日に好きな人ふたりを楽しませるのは困難です。だから、このとき彼にほかに好きな女性がいる場合、ほかの女性を選ぶことになったり、ふたりの女性が鉢合《はちあ》わせしたりするのです。

また、そうでなくても、その特別な日にテンションが高まり重くなった恋人を、この際だから清算してしまおうと思うこともありえます。

ちなみに、この誕生日やクリスマス、バレンタインデーなどに対する特別感は、年齢と経験を重ねるにつれて、薄れていく傾向があります。

原因は、人生において恋愛が占める割合が減っていくことと、起きることがだいたい予想できること。

人は予想できないことに強くひかれる性質を持っています。またさまざまな特別なものに大きな期待をするのです。

どんなスリリングなジェットコースターでも、毎日乗れば慣れてしまうもの。30代も中盤を過ぎれば、予想できるものが増え、特別なものはなくなっていくのです。

♥格　言♥

**特別な日の駆け引きは、特別に。**

**自分の状況を省《かえり》みて臨機応変に行え**

Rule 45

# 自分の行動パターンを把握し予想外の行動をとることで彼を引きつけろ

「恋愛のルールブックに従って、3日メールを返していないけど、徐々に彼に効かなくなっている」

「以前はデートが楽しかったのに、今はそうでもないし、彼のテンションも落ちている気がする」

「最近、彼からの連絡が減って、結局私がメールをしてる」……。

あなたは今、このような状況におちいっていませんか？

出会って最初の頃は、彼はあなたの行動パターンがわかりません。だから、あなたのちょっとした駆け引きはよく効きます。

数日メールをしなければ、彼は不安になり、あなたにたくさんのメールを送ったりします。

でも、徐々に彼はあなたの行動パターンがわかるようになってきます。

たとえば1日に3回程度メールが来るとか、数日に一度夜10時くらいに電話が来るとか、水曜日以降にデートに誘えば断られるとか、これを言うと怒るとか、もし怒っても、こちらが無視すると媚びてくるなど。

相手の行動パターンがわかると、人は相手の行動を予想できるようになり、相手を忘れます。

つき合い始めてしばらくすると彼のテンションが下がるのは、あなたの行動パターンがわかり、どうすればあなたをコントロールできるかがひと通りわかったから、というのが大きな理由です。彼の予想通りになることで、あなたが彼の「手に入った距離」になるわけです。

携帯電話でも、買ったばかりの時はいじりまくっているのに、ひと通り使い方がわかると忘れるのと似ています。

また恋愛経験の多い男性は、慣れるのが早いです。

あなたが駆け引きをしても「ああ、このパターンね。2週間くらい放っておけば連絡が来るでしょ」とか「ああ、このパターンの女か。1日メールを無視しただけで、感情的になって、家に押しかけてきそうだな」と見破り、それを見越した駆け引きができるからです。

そんな男に駆け引きで勝つには、相手の予想の範囲から外に出る必要があります。今まで毎日メールを送っていたあなたは、「3日もメールを送らなければ、彼は私を忘れてしまう」と思うかもしれません。

でもそれは誤解です。その場合は、あなたが1週間メールを送らなければ、いや1週間なら彼の予想の範囲内かもしれません。3週間メールをやめるのです。彼は「あれ？　おかしいな」と不安になるはずです。そして、「元気？」なんて様子うかがいのメールを送ってくるでしょう。

そのとき彼はまた予想します。いつもの彼女なら「元気だよ」と20分以内に返事が来るだろうと。

ここであなたが連絡をしなければ、さらに予想外で不安になります。

このとき彼は新たな予想を立てます。「事故にあったのだろうか？」「俺のこと忘れたんだろうか？」「ほかに好きな男ができたのか？」と。これは彼が不安になった証拠です。つまり、あなたが彼の予想の範囲内で動いていると彼はあなたを忘れ、あなたが予想外の行動をとると彼はあなたを思い出し、不安になり、新たな予想を立てようとするのです。

たとえばＲｕｌｅ46で言っている「半年の沈黙」は、「普通、自分に未練があったらすぐに連絡が来るだろう」と男が思うので、それをはるかに上回る期間連絡をしないことに意味があります。

普通あなたがするだろうことをしないので、あなたは苦しいですが、それは彼にとっても予想外です。

彼は、そのとき新たに予想を立てます。「彼女は本当に俺のことを忘れてしまったのかもしれない」と。そうなって初めて、彼にとってあなたは「手に入りそうで入らない距離」となります。

そしてようやくあなたを思い出すし、本当に離れたと彼が確信することで、あなたに対する嫌な気持ちが薄れるわけです。

もう一度言いますと、人は一貫した行動から相手のパターンを見いだします。いったん相手のパターンがわかると相手を簡単に予想できるようになり、相手を忘れます。予想するパターンから相手が大きく外れると再びその相手を思い出し、新たな予想をします。

この、脳の性質を駆け引きに利用することが重要なのです。

「メールを出せば20分以内にあなたから返信が届く」「毎週水曜日になると、週末の予定を聞いてくる」「2日以上放っておくと、必ずあなたから連絡が入る」などの行動パターンが理解できると、彼はより簡単に、あなたの存在を忘れていくのです。

そこで、うまくいっているときは何も考えずいつもの行動をとっていいですが、いざ駆け引きをしようというときには、あなたが普段しないほど思い切り距離を置いたり、いつもたくさん使う絵文字をゼロにしたりして、予想外の行動をとることです。

彼が女慣れしているなら、その彼も想像しないことをするしかありません。さらに言えば、彼がたとえば「これは絶対俺と別れたいに違いない」と新たに予想させる行動をとらなければならないのです。

駆け引きをするときは、シナリオを書き、その役を演じる必要があるとRule40で言っていますが、それは彼に新たな予想をさせるためです。役を演じるなら、それは徹底する必要があります。

片思いをしている彼が「この女は俺のことを好きに違いない。誕生日には何かプレゼントをくれるだろう」と思っていて、彼があなたを忘れているなら、あなたは誕生日にプレゼントをしないどころか、彼の誕生日を忘れていることで、初めて距離を置いたことになるわけです。

予想外に相手に距離を近づけるか、予想外に遠ざかるかは、距離について書いたRule39を参考にしましょう。

いつも予想外の行動をとっていたり、徐々に距離を置くのはNGです。いつも予想外の行動をとれば、それがパターンとなってしまうし、徐々に距離を置くというのは、予想外の状態を作りにくいからです。

いつもの行動パターンを崩すことで、相手を引きつけることができると知ってください。

♥格　言♥

**あなたの安易な駆け引きは読まれている。意識的に、かつ思い切って行動を変えてみよ**

# 第5章　状況別彼を手に入れる実践テク

Rule 46

# 何度アプローチしても手ごたえのない彼を振り向かせるにはまず〝沈黙〟することから

多くの女性が片思いに苦しんでいます。

苦しんでいる片思いのほとんどは、好きになった男性を落とそうと、メールや電話やデートの誘いなど積極的なアプローチをしたり、告白したり、体の関係を持ったりするなど、考えられるすべてのアプローチをして、彼にとりつく島がなくなり、どうにもならなくなった場合です。

実は、あなたの努力は完全に間違っています。あなたは一生懸命彼の「手に入った距離」になる努力、彼をうんざりさせる努力をしていたのです。

こういう状態でアプローチを続けても、彼の心は離れていくいっぽう。本当に彼を振り向かせたいならば、今すぐにアプローチをやめる必要があります。〝アプローチを完全にやめる〟というアプローチです。

アプローチを完全にやめたなら、つまり彼にメールも電話も、デートの誘いも何もかもをいったんやめたら、Ｒｕｌｅ36を参考にして、自分が彼の「恋愛対象外」なのか「恋愛対象内」なのかを見きわめます。

ただ、あなたは彼にさんざんアプローチをして脈がなかったのですから、恋愛対象外なのでしょう。恋愛対象外にいるならば、あなたのアプローチは彼に不快感を与えています。

想像してください。あなたが何となく寄ったブティックで、まったく買う必要のない服を店員に何度も何度もすすめられるイメージです。ありとあらゆるアプローチでその店員はすすめてきます。最初は何も感じなくてもだんだんうんざりして、その店員を嫌いになるでしょう。

ですから、すぐに彼と距離を置き、与え続けてしまったマイナスの感情をリセットする必要があります。

また、あなたは同時に、彼から離れることで、「あなたが好き」という下心も忘れさせなければなりません。

たとえば、ブティックに立ち寄り、服を買おうとして、店員から無理に売る気を感じず、こちらの気持ちを察してやさしくされれば、その店員に好感を覚えるでしょう。

これまでしつこくすすめていた店員が、急にあなたの気持ちを察して話してこなくなればあなたは安心するでしょう。

一方、Rule36を見て、「自分は以前は確かに恋愛対象内のはずだったのに」とあなたが思うなら、なぜ今「対象外」のような扱いを受けているのかを検証する必要があります。

ひとつは、最初は対象内だったのに、徐々に彼のテンションが下がったという場合。これはたとえば、あなたのテンションが上がったことで、あなたが手に入った距離になったため、彼があなたに興味を失ったのでしょう。

Rule29やRule39でお話ししたように、彼にとってあなたとの居心地のよい距離というものがあります。それよりもあなたが近づきすぎたのが原因というのが考えやすいでしょう。

もしくは「ほかに本命がいる」「仕事の状況が変わり、今は恋愛モードではない」といった理由も考えられます。あなた以外の原因で彼のテンションが変わったということです。

状況がわかったら、いよいよ作戦開始です。

どの場合でも、一番問題なのは「あなたが自分のことを好きだと、彼が知っている」ということ。あなたが彼の恋愛対象内であっても外であっても、これをリセットしなくてはなりません。

そのために必要なのは、〝沈黙〟です。〝沈黙〟とは、彼に対して何のアプローチもしないということ。あなたから彼への接触を完全に絶つことです。

彼へのアプローチはもちろん、メールを送ることも、電話をすることもやめてみましょう。ブログの更新や、SNSへの参加も、メッセンジャーを立ち上げるのもNG。彼が、あなたの最近の様子ばかりか、生死さえ確認ができない状況に置くことが重要です。

こうした沈黙を、最低、半年間続けるのです。

このあいだは何があっても、あなたから連絡をしてはいけません。もし、同じ学校や会社に通っているなどで、存在を消すのが難しい場合は、会わなくてはならない場所では普通に接し、それ以外では完全に沈黙します。

このとき大切なのは、「彼に冷たい態度をとることが目的ではない」ということ。正しくは、「人として魅力を感じるけど、男性としての興味はなくなった」というように振る舞うのが沈黙です。

彼に話しかけられたとき、彼を無視したり、目をそらしたりはしないでください。これは「拒絶」をアピールしてしまうことになります。すると、彼もあなたを拒絶し、距離が離れていきます。「あれほど俺のことが好きだったのに、手に入らなければ今度は拒絶かよ！」と思われてしまいます。

会社に、特に何とも思わない同僚がいますよね？　好きでも嫌いでもない、1年会わなければ忘れてしまうだろう同僚。その同僚と同様に接してください。

本気で彼のことが好きな場合、彼と会えない時間は耐えがたいほど長く感じられることでしょう。ついつい不安になって、連絡をとりたくなってしまうかもしれません。「彼の住んでいる町で大きな地震があった」「彼が病気になった」、または「パソコンが壊れた」「彼との共通の知り合いにどうしても連絡を取りたい」といったきっかけで、ケータイに手が伸びることも考えられます。

けれども、どんな場合でも連絡をとってはいけません。彼と本当につき合いたいならば、完璧に沈黙を守り通すことが重要です。中途半端に連絡をとると、少し効果が落ちる、ではなく完全に意味がなくなります。彼の感情のほとぼりが冷めるまで、具体的には少なくとも半年間は、じっと我慢をするのです（半年たつ前に彼から連絡が来たらRule47参照）。

また、彼の仕事が忙しい場合は、半年後には状況が変わっている可能性が出てきます。

もし、彼に恋人ができたなら、平均1年程度たてば、状況が変わっています。つまりこの場合の沈黙は1年です。

彼がその女性とラブラブの時期には、何をしてもマイナスの効果しかありません。いったんは大きく距離を置き、よいタイミングが訪れるのを待つのが最良の方法なのです。

♥格言♥

下心がばれて彼に引かれたら、石にかじりついても連絡はとらない

## Rule 47 半年間の沈黙期間が終わったら「好き」がにじみ出ないメールを送信

苦しみや不安に耐え抜き、半年の沈黙が完了。ついに、行動に移すべき時期がやってきました。大好きな彼に、一通のメールを送ってみましょう。

注意点は、あなたの「好き」がまったく感じられない、重たくないメールを作成すること。おすすめなのは、偶然彼を思い出したというもの。

彼と伊豆に行った思い出があれば、「今日友だちと伊豆に来ています。ふたりで一《いっ》碧湖《ぺきこ》に行きましたね」とか、彼と学園祭で遊んだエピソードがあれば、学園祭シーズンに「そろそろ学園祭シーズンだねえ」などと書きます。ふと、何となくメールをしてみたというテンションが重要なのです。

何も書くことが思い浮かばなければ、自分の近況を書くのもよいでしょう。「お久しぶりです。私は最近こんな趣味を始めました」という感じです。

また、クリスマスや彼の誕生日などを利用して、「イベントだから出してみた」という雰囲気を出すのも効果的です（Ｒｕｌｅ44参照）。

メールの文章は長すぎないこと、心情が入りすぎていないことがポイント。ここで「こいつ、まだ俺に気があるな」と思わせてしまったら、半年間の我慢が水の泡になってしまいます。

このメールは彼のテンションをはかるのが目的なのです。

だから、次なる手は、返ってきた彼のメールのテンションから判断します。

あなたからメールが来たときの、彼の気持ちを、内容やレスポンスのタイミングから想像してみるのです。

いつもレスに2日かかるのに即レスが来たとか、いつも一言、二言しか返さない彼が長い文章を書いてきた、などというのは、彼のテンションが上がっていることを意味するのかもしれません。こうした少し熱いメールが返ってきた場合、彼が振り向いてくれる可能性が出てきたと考えてＯＫ。彼のメールのテンションとペースに合わせて、一緒に盛り上がっていきましょう。

注意すべきは、あなたのテンションが高いことを、決して相手に悟られないこと。

彼からメールが来たことに喜んで、すぐさま長文メールを返したり、「ずっとあなたを忘れられなかった」といった本音を書いたりするのは絶対にNGです。

メールを返す際のポイントは、送るタイミングを彼より少し遅らせること、彼の文章よりも少し短く書くこと。そして、もらって嬉しい文章を送ることとです。

彼とつき合いたいばかりに、「会いたい」などとデートに誘うようなことを書くのは、絶対に避けてください。

この段階での目的は、彼と親しい友人になることとです。

そこから半年をかけて、少しずつ仲を深めていくのです。「これまで我慢していたんだから、彼の気持ちは傾いているはず。すぐにでもつき合えるに違いない」と思うと、ロクなことになりません。あなたがどんなに我慢を重ねていたかなど、彼は知らないのです。むしろ気づかれたら、その時点でまた関係は悪化するかもしれません。

ですからあくまで自分から近づいていくのではなく、「彼からあなたに近づいている」状態にしていくこと。

そのためには、〝居心地のよさ〟を演出することが大切になってきます。彼をほめたり励ましたり、思わず笑ってしまうような楽しいメールを送ったりと、彼があなたからのメールを心待ちにするようになると理想的です。

また半年ぶりにメールを送ったのに、彼から何の返信もないこともあるでしょう。またテンションの低いメールだったり、数回やりとりして終わってしまうこともあります。

この場合、彼はあなたに対して、低いテンションのままだと思われます。彼の気持ちが熱くなってくるまで、さらに半年間沈黙をするしか道はありません。

一度アプローチに失敗をすると、挽回するのはなかなか難しいのです。

ただし、半年間も1年間も、ただ沈黙するのは相当の精神力を必要とします。彼への思いはとりあえず置いておいて、積極的に外に出かけ、別の出会いを求めるのもいいでしょう。それでもあきらめられないなら、半年後にメールを出せばいいのですから。

反対に、沈黙中に、彼からメールが来ることも考えられます。

こんなとき、喜び勇んですぐにメールを返すのは避けたいところ。とりあえず反応せずに、数日たってから返信をするのです。

さもないと、彼にアプローチをし続けたあの日々を、相手に思い出させてしまうでしょう。

メールはやさしく親切だけれども、どこか素っ気ない内容だとベスト。その後も、「彼からメールが来たから返信しているだけよ」というスタンスを崩さずに、やりとりを続けてください。

彼からアクションが来るというのは、かなり大きな一歩。あなたへのテンションが、半年たたずにアップしたことを意味します。

彼からテンションの高い内容が送られてきたり、頻度がアップしてきたら、様子を見ながらあなたもテンションを上げていっていいでしょう。

たとえば「今友だちとボードしに来ていて、すごい楽しい」というメールが来たら、「そうなんだ、私も久しぶりに行きたいな」と返す。「連れて行って」と前のめりにはならずに、「じゃあ、今度は一緒に」と誘いの言葉を引き出すのです。

詳しくはＲｕｌｅ43を参照しながら、メールでの駆け引きをしてみてください。

♥格言♥

**目指すは「親しいメル友」。徐々に会いたい気持ちにさせるべし**

Rule 48

# 外見も内面もバージョンアップさせ彼のハートをガッチリつかめ！

半年後にメールのやりとりが復活したら、彼との距離をつめる段階に入ります。

彼はあなたの下心やうっとうしさを忘れ、まっさらな状態に戻っているはず。そのうちに、「会いたい」という話になっていくでしょう。

彼とメールを交換する仲になると、もっと親しくなりたい、距離を縮めたいと思うようになるのは当然のこと。

でも「自分から距離をつめていこう」と考えるのは危険です。

相手から距離をつめてくるように仕向けることが重要です。

そのためには、相手に居心地のよさを提供することがカギになります。

まずは、彼とつき合うことを考えるのではなく、親しい友人になることを目指しましょう。

その場合、基本姿勢は常に〝受け身〟。

彼からメールが来たら返す、誘われたら出かける、彼の話を聞いて楽しむ、ほめる、応援する……。

彼が悩みを持っているようだったら、聞いてあげて癒やしてあげましょう。

自分の思いをおくびにも出さずに、〝無償の愛〟（Ｒｕｌｅ21参照）を注ぐのです。

普通に生活している限り、人は「完全な味方」を得る機会はほとんどありません。どんなに親しくても、何か批判を受けるものです。

ですから「そのままのあなたで完全にＯＫ」と認めているだけで、「完全な味方＝オンリーワン」になることができます。

彼が、誰かを厳しく評価しても、彼がモラルに反した発言をしても、彼が情けないことを言っても、彼を理解しようと努め、理解するのです。彼の考えがそのまま自分の考えになる……といった感じで。

彼は次第に、「あなたといると、居心地がいい」と感じ始めることでしょう。

ただし「私があなたを理解してあげるオンリーワンなの」と押しつけるのはＮＧ。あくまで「あなたがそうアピールする」のではなく、「彼がそう思うようになる」のがポイントです。

釣りで言えば、エサをたらしておいて引っかかるのを待つ、くらいのおおらかな気持ちでいてください。

もうひとつ、彼を手に入れるためにすべきことは、半年間の沈黙の間に、しっかり女磨きをしておくこと（Rule3参照）。

半年前と同じあなたで彼に再エントリーするのと、バージョンアップしてからチャレンジするのとでは、大きな違いが出てくることでしょう。

♥格　言♥

**距離は、基本的に「つめさせる」。受け身の姿勢で無償の愛を注げ**

## Rule 49
# 長期間つき合っている煮え切らない彼に結婚を決意させる方法

4年以上つき合って30歳を超えているのに（長い場合は7年、9年というのもあります）彼がちっとも結婚を意識してくれない場合があります。いわゆる「長い春」ですが、こうなっているなら、すでにふたりの関係は危ないと考えたほうがいいでしょう。結婚はタイミングがすべてと言っても過言ではありませんが、あなたはそれを逃し続けているのです。

さらに「最近、彼が冷たくなった」と感じているならば、近い将来にその恋愛は終わるかもしれません。

男にとって、結婚は大きなリスクをともなう一世一代の決断。

また、恋人と別れるのも、大きなエネルギーを必要とします。よほどの理由がない限り、そんな大きな決断はできないので、モラトリアム（＝そのままの状態）を続ける男性は少なくありません。

長期間つき合った恋人たちが結婚するのは、たとえば「転勤などで遠距離になる」「親が病気になった」「赤ちゃんができた」など、環境の大きな変化やイベント（出来事）がかかわっていたりします。

また、あなたやあなたの親が彼に結婚のプレッシャーをかけた場合も、彼が結婚を覚悟できるタイミングなら、そのまま結婚につながったりします。

こうしたタイミングは、同じ相手とそう何度もあるわけではありません。一度よいタイミングを逃せば、結婚は難しくなってしまうのです。

タイミングを逃すと、再びモラトリアムな状況に戻り、今度は彼に新しい女が現れる、なんてこともあり得るわけです。

タイミングが合わなければそのようなイベントは彼に別れを決意させるでしょうし、あなたやあなたの親からの結婚のプレッシャーも、男性に覚悟がなければ、逃げ出すきっかけになりかねません。環境の変化やイベント、結婚のプレッシャーは、結婚の可能性と別れの可能性を同時に高めるのです。

長くつき合った人と30代になって別れるケースは本当に多いです。

女性が30歳を超えると、彼もあなたも、あなたの親も、彼の親も、結婚を意識し、それがプレッシャーとなり「彼女とは結婚できない。彼女がまだやり直せる年齢のうちに別れたほうが彼女のためだ」と判断することが多くなるからでしょう。

彼に結婚を決断させるためには、まずは彼が結婚したくなる状況をできるだけつくるしかありません。

その状況を簡単に言えば、彼の仕事が今安定していて、3年後も同様に安定していると彼が予想できる状況、あなたを最高の女性と思っていて、これ以上よい女性が手に入らないだろうなと思っている状況、彼が自分の市場価値がないと思っていて、もしあなたと別れたら女性を得られないかもしれないと思っている状況、彼の同年代の同僚のほとんど全員が結婚している状況、あなたに居心地のよさを感じ、結婚しても幸せな日々を送れるだろうなと彼が感じている状況、そしてあなたに対して恋愛回路（Rule38参照）ができている状況です。

これらがなるべく揃っているときに、結婚のプレッシャーをかけるのです。

それでも「今はまだ……」と言われたら、ただちに結婚のプレッシャーをかけるのをやめ、右に書いた、彼が結婚したくなる状況を増やしましょう。

あなたにできることは、具体的には見た目を磨き、「手に入りそうで入らない距離」

をキープしながら（Ｒｕｌｅ39参照）、彼に居心地のよさを提供し続けるのです（Ｒｕｌｅ37参照）。

「長い春」を続けていると、年をとり続け、結婚を考える男にとってあなたの市場価値はどんどん下がっていきます。またどんなイベントが起こり、突然別れに至るかわかりません。

とりあえず彼との関係をキープしつつ、横目でもっといいカード（＝新しい結婚相手候補）を探すのもひとつの手でしょうし、彼が結婚したくなる状況がいくつか揃ったなら、別れる覚悟を決めて大勝負に出る必要もあるでしょう。

勝てない勝負にいつまでも執着すれば、あなたは婚期を永遠に逃し、誰とも結婚できないかもしれないのです。

♥格　言♥

**結婚話はタイミングが重要。**
**結婚したくなる状況を揃えて大勝負に出ろ！**

## Rule 50
# セックスはしているのにつき合ってくれない！ セカンドから本命に昇格するテクニック

1回だけセックスをして、そのままになってしまうという悩みも、よくあるケース。つき合うという約束の前にセックスをするのは、彼の手に入った距離になってしまいやすいので、リスクがとても高いです。

彼と1回セックスをしたあと、彼が何も言ってこないなら、そのまま放っておいて様子を見ましょう。

もし彼があなたに興味があるなら、その後もアプローチがあるはずです。その後は正式につき合うまで体の関係を絶対に持たないことです。そうでなければ、セフレになってしまいます。

Ｒｕｌｅ39を参考に、「手に入りそうで入らない距離」をつくりましょう。もし、彼からのアプローチがないなら、おそらく彼はセックスをしたことで満足してしまい、あなたとの未来を考えられないようになったのでしょう。「生理的にはダメじゃないけど、つき合うほどじゃない」と思われているのです。

また、彼に奥さんや恋人がいるということも考えられます。

この場合、相手を「遊びだったの⁉」と責めても意味はありません。彼をあきらめるか、責めることなくいったん関係をリセットし、距離を置くしかないでしょう。

有効な作戦は、「あの日のことは、酔っぱらってたしよく覚えていない」「気まぐれでセックスしただけだよ」という態度を貫き、「手に入ったわけじゃないんだ」と彼に思わせること。そして、半年ほど自分からの連絡を絶つのです。この場合、Ｒｕｌｅ46〜48の、「片思いの彼を振り向かせる方法」を参考にしてください。

何回も体の関係を持っている場合は、事情が違います。そもそもあなたは彼の恋愛対象内なのですが、セックスすることにより「手に入った距離」になり、彼はあなたへの興味を失ったのです。

Ｒｕｌｅ13でも書いたように、つき合うことは、イコール「僕はあなたの心も体も独り占めします」という契約を交わすことです。その代わりに僕はあなたに心と体を独り占めされます」という契約なしに、彼はあなたの心と体を独り占めできているので、彼にはとても都合のいいスタンスなのです。

とはいえ、あなたのような「セカンド」的な女性がウンザリして離れていくときに、「やっぱりおまえだった」と本命に昇格するパターンがあるのも事実。

そうした状況に導くためには、以下の行動をとるといいでしょう。ただしこの方法を試すときには、彼を失う覚悟を持って臨んでください。中途半端な気持ちで実行すると失敗します。

### Step1　彼に徹底的にやさしくする

まず半年かけて、彼に「居心地のよい状態」を提供します。彼が放っておいてほしいときは放っておき、体の関係を求められたら応じてあげましょう。要求はいっさいせず、彼に対してのダメ出しは一度たりともしてはいけません。彼が合コンに行こうがほかの女性と会っていようが、笑顔で見送ってあげるのです。

これを半年続けられる女性は少ないです。自分がセフレだと思うとどうしても、彼を責めたり、彼の前で泣いてしまうのです。セフレやセカンドラバーがいずれ飽きられ捨てられてしまうのは、ここで彼を責め、うんざりさせてしまうからです。

ここではもうひとつリスクがあります。それはStep1をしている間、あなたは彼の手に入った距離になるため、彼から忘れられます。彼があなたを忘れればほかの女性を探します。もしあなた以上に魅力的な女性を見つけてしまえば、そこでゲームオーバーになるかもしれません。

## Step2 沈黙する

半年後、彼の前から完全に姿を消しましょう。タイミングとしては、彼にあまりにも理不尽なことをされたときや、傷つくことを言われた時などがベスト。彼が「あれが原因で怒ってるのかな?」と思うようなときが理想的です。それがなければ突然でもOKです。

いったん姿を消したら、こちらから連絡をしないのはもちろん、偶然でも会わないように気を配りましょう。もしどこかで会ってしまったら、不自然でない程度に会話してもいいですが、「じゃあ、私急いでるから」と、彼の前からすぐ消えてください。また、SNS、ブログ、メッセンジャーなどあなたの存在がわかるすべてのものにアクセスしないのもポイント。彼にとって「あなたが生きているのか死んでいるのかわからない状況」をつくるのです。

## Step3　彼から連絡が来ても、すぐには返事をしない

すぐには追いかけてこないかもしれませんが、ほとんどの場合、1ヵ月から1ヵ月半後くらいに彼から「最近どう?」などといった、何気ないメールが来るでしょう。人によっては数日から数週間。ごくまれに3ヵ月というものもあります。これは、彼が「いつもと様子が違うけど、今までどおりの距離にいるよね?」と確認するメール。このような展開になったら、次のメールが来るまで、決して返事をしてはいけません。居心地のよい、いい関係だった相手を突然失うと、人はその相手に執着を覚えるもの。彼もきっと、あなたのことが気になりだすはずです。どうしたのだろうと推測を始め、それを確かめるために「怒ってる?」などと様子をうかがうメールを送ってくるでしょう。これをさらに無視すると、彼に恋愛回路が生まれ、あなたのことばかり考えるようになるのです。「体調でも悪いの?」などと、あなたを心配するようなメールが届いたら、24時間以上たってから「元気だよ」とだけ返すと効果的です。言葉は短ければ短いほど相手の想像をふくらませるからです。

## Ｓｔｅｐ４　連絡を減らす

電話には一切出ず、メールの返信も5回に1回で充分です。「あなたにはうんざりしていてメールも電話もしたくない。永遠にあなたと会う気はない」という役を演じるのです。メールも感情的にならず、事務的に短くがポイント。5回に1回の返信も「仕方なくしている」ふりをしましょう。彼は、怒りや切なさから混乱し、まるでストーカーのようになるかもしれません。「もう終わりだ」と怒ったり、「ゴメン、言いすぎた」となだめたりするでしょう。そのようなメールはすべて無視しましょう。「家に行くぞ」などというメールが来たら、「今は会いたくないです」とだけ短く返事してください。彼の言葉に翻弄《ほんろう》されないためには、かなりの精神力が必要ですが、ここが踏ん張りどころです。

## Ｓｔｅｐ５　あなたの要求を伝える

彼が感情的になってから1週間以上たち、次に彼から熱いメールが来たとき、「私は疲れてしまいました」と素っ気ないメールを送ってください。それを受けて、彼があなたに愛の言葉を告げ始めたら、今までの不満や彼にどうしてほしかったのかを、静かに伝えるのです。「私はセフレという関係に疲れてしまいました。本当の恋人を探しています」と彼に言います。彼がデートに誘ってくるなどアプローチをするなら、嬉しいものだけ受け入れましょう。そして彼に、素直に「ありがとう」と感謝を伝えてください。これらの行動には、「私の思うようにあなたが変わってくれれば、またあなたに振り向いてあげますよ」というガイドラインの意味があります。

ただし、彼から「つき合ってください」という一言を引き出すまでは、絶対に体も心も許してはダメ。もし彼からの連絡がなくなったら、半年間沈黙をし、その後Ｒｕｌｅ47～48を参考に行動しましょう。これらのステップは、正確に行わないと意味がありません。順序を守って、慎重に行ってください。

♥格言♥

**このままでは「都合のいい女」。居心地のよさを与えたあと姿を消せ！**

Rule 51

# つき合っている彼が最近冷たいなら距離感を調節して愛情を取り戻せ

「私よりも仕事や友だちが優先されている」「メールの返信がなかなか来ない」「電話をしてもうわの空」……こんな状況におちいってはいませんか？

つき合い始めのテンションを維持することはできないにしても、これらは彼の愛情が冷めてきたサイン。その原因は、あなたが「手に入りそうで入らない距離」ではなくなってしまったからです。

距離感を調整して、彼の気持ちを引き寄せましょう。

まずは、これまでのつき合いを振り返って、「彼を振り回しすぎた」のか、「彼に尽くしすぎた」のかを判断してください。「彼を振り回しすぎた」のなら、あなたは彼の「手に入らない距離」になってしまったのです。逆に、「彼に尽くしすぎた」のなら、「手に入った距離」になってしまったということです。この両方とも、彼の気持ちを冷めさせる原因になります。

彼との距離感を知るために、Ｒｕｌｅ39の「近づく行為」か「離れる行為」をしてみてください。もし、彼から離れる行為をして彼のテンションが下がったなら、あなたは彼に「手に入らない距離」にいると思われています。

この場合は、あなたから彼に近づく必要があるでしょう。たとえば、彼にやさしくするとか、彼の要望を最優先にするとか、料理や掃除などをしてあげる……といった、「彼に近づく行為」をするのです。

ただし、Ｒｕｌｅ39にも書きましたが、この場合、急激に彼に近づくのは禁物。「冷たくしたほうが、コイツは尽くしてくれる」と学習され、立場が逆転する危険性が出てくるからです。少しだけ彼に近づき、具体的に言えばひとつだけ彼に「近づく行為」をし、1ヵ月間様子を見ましょう。1ヵ月たって何もないなら、もうひとつだけ「近づく行為」をしてください。

彼の反応がないからといって、続けざまにどんどん近づくと失敗します。

また、彼があなたの行動によりテンションが高まったなら、彼の近づく行為より少し少ない程度に、あなたも彼に近づいてかまいません。たとえば、彼が3回ご飯をおごってくれるなら、あなたが2回おごってもかまわないということです。彼のテンションは時間とともに変わっていくので、それをきちんとモニタリングしてください。
一方、これまで「近づく方法」を行っていて彼が冷めたなら、あなたは完全に彼の「手に入った距離」になってしまっています。多くの女性が恋愛で上手くいかなくなるのはこちらです。

彼を劇的に変えたいのであれば、別れるのを覚悟し、Ｒｕｌｅ50「体だけの関係から抜け出すテクニック」の、「何回も体の関係を持っている場合」のＳｔｅｐ２から行いましょう。こう言うと、「ちゃんとつき合っているのに、なぜ？」と思うかもしれませんが、「手に入った距離である」という事実は、恋人でもセフレでも変わりません。距離をとり、あなたの存在が貴重であったことを思い出してもらうのです。ただ、この方法は別れる覚悟が必要です。

距離感を調整する際に気をつけることは、ケースごとに異なります。

## ●Ｃａｓｅ１　遠距離恋愛の彼が冷めた場合

彼が知らない土地に行ったばかりなら、彼はそこに生活の基盤がありません。これまでいた場所での恋人や友達が彼の基盤なのです。彼は新しい土地に慣れず、知り合いもほとんどいなくて、ストレスがたまるでしょう。このときは彼の心を引きつけるチャンスで、彼が電話やメールでつながってくるなら、その不安を軽減してあげ、支えてあげるとよいでしょう。Ｒｕｌｅ37にあるような居心地のよさを彼に与えるということです。

やがて彼は新しい土地での生活に慣れ、友達もできるでしょう。それにともない生活の基盤は新しい土地に移ります。あなたは基盤ではなくなり、オプションになるのです。それにともなって彼はあなたを忘れていくでしょう。

忘れるのを加速するのに、ふたつの原因が考えられます。ひとつは近づきすぎること。彼があなたに愛されていると確信すれば、どんなに物理的距離が離れていても彼の「手に入った距離」になります。彼が遠くに行ってしまったことで不安になった女性が、つながりすぎて彼に忘れられることは多いのです。彼の生活が移動先に移れば、あなたがオプションになるので、あなたに時間を使うのが面倒になってくるかもしれません。また、遠距離を解消しようと彼を追いかけて一緒に住むというのもＮＧです。「私、彼を追いかけて一緒に住もうと思うんです」と相談者が言った場合、この恋愛は終わるなといつも僕は思います。あなたが新しい土地に移り、生活の基盤がなく、頼るのが彼だけなら、簡単に彼の手に入った距離になるからです。

このような状態で彼が冷めてきたと感じたら、あなたから連絡するのをやめてください。「毎日電話する」などという約束ごとがあっても、気にしないでOK。彼が連絡をしてこないなら、連絡をやめましょう。

彼がテレビを見たり、ゲームをしたりしながら電話をすることが多い場合も、電話をするのを控えてください。彼から連絡が来ても長電話は禁物。彼が寂しいと思うくらいの短い時間で切りましょう。

もちろん会いに行くのもやめて、彼のほうから会いたいという連絡が来るのを待ちましょう。あなたが実家に住んでいて、彼がひとり暮らしなら、彼の家に遊びに行くのは仕方がないかもしれません。その場合でも、自分から申し出て遊びに行くのではなく、彼が来てほしいと言ってから行きましょう。あまりに彼のテンションが低いなら、適当な理由でときどきは断ってもかまいません。

もし怒られたら、「ごめん。ちょっと忙しくて」と言っておくこと。自分より彼のほうが少し寂しい、くらいの状態に置くのがちょうどいいのです。放っておけば、この女性をほかの男性に取られるかもしれないと思わせないといけません。

遠距離恋愛は簡単に距離を置けるので、うまくやればお互いにテンションの高いよい関係を長く続けることができるでしょう。

もうひとつは、あなたが彼の手に入らない距離になってしまった場合。つまり、あなたが放っておきすぎて彼の心が離れてしまった場合です。

その時あなたは、彼に未来を与えてあげます。「2年後には一緒になる」「来年になったらそっちに引っ越すよ」といった、ゴールを設定して「手に入りそうな距離」をつくると理想的です。

その間、ときどきはあなたが会いに行き、会っているときは喧嘩をせず、楽しい時間をすごしましょう。もし、ふたりが永遠に遠距離なら、その関係はいずれ終わるでしょう。遠距離というのは、コストがかかる恋愛なので、そのコストから、最終的に一緒になるか別れるかの選択をお互いに迫られる恋愛なのです。

### ●Case2　彼があなたにダメ出しや要求ばかりして愛されていないと感じた場合

要求の内容が「女らしい格好はできないの？」「もっとテキパキ動けよ」「もう少しやせたら？」などという、あなたが納得できるもっともらしいものだとしても、あなたは「私はダメ人間なんだ」と自分を責める必要はありません。

できることはしてあげてかまいませんが、できない場合はいちいち気にする必要はないのです。彼は「あなたにどうなってほしいか」を言っているだけで、それはしょせん彼の欲にすぎないからです。

「他の男としゃべるな」「俺の気に入った服以外は着るな」などという理不尽な要求をするタイプなら、彼にとってのあなたは「恋人」ではなくただの「オモチャ」。彼の言いなりになると「手に入った距離」になり、興味のないオモチャのように、ひどい扱いを受けるでしょう。

ちなみにこのとき彼は、あなたを愛していると勘違いしています。愛しているから変わってほしい。愛しているから成長してほしいと本気で思っています。実際には、彼はあなたを愛しているのではなく、彼が愛している理想の女性にあなたを近づけようとしているだけなのですが。

もし、あなたがつき合っていて、このような彼の要求やダメ出しに苦しむなら、一度きちんと「今の私を認めてくれないとつき合えない」と、伝える必要があります。

彼の手に入った距離にいて、彼がダメ出しや要求ばかりするとき、あなたが完全に沈黙して距離を置けば、そのことに気づき「悪かった」と媚びてくることはよくあります。

そのとき、Ｒｕｌｅ50の「Ｓｔｅｐ５　あなたの要求を伝える」に従って彼にガイドラインを与え、彼をしつけてください。できないことはできないと言い、男が納得する場合しかつき合わないと言うのです。それでもダメならば、あなたと彼は価値観が合わないのでしょう。その彼とは、別れたほうがいいと思います。相手のコントロールが強くて自分が疲れてしまう場合、あなたに「別れる」という選択肢がなければ、いつまでたっても彼のオモチャで彼の奴隷になってしまいます。

## ●Ｃａｓｅ３　ＤＶ男に苦しめられている場合

もし彼があなたに暴力をふるう男だったら、今すぐ彼のもとを去ってください。「暴力で相手を支配したい」と考える男の性格を変えるのは、かなり難しいです。一時的にやさしくなっても、泣きながら反省しても、またすぐ暴力をふるうでしょう。

それは肉体的な暴力にかぎりません。言葉の暴力、脅迫や無視、無理やりセックスをする、避妊をしてと頼んでもしない、あなたが本気で嫌がっていることをやめない、友だちや家族とつき合うのをやめさせ、ひとりぼっちにさせるなどもDVです。Case2のダメ出しや要求ばかりする男性も、あなたが苦しみ続けるならDVですね。

一方で、女性の中には、男のDVを引き出す素質を持つ女性が存在します。

たとえば、すぐに口答えして感情的にぶつかる。自分のことしか考えていない、男をうんざりさせる女性。そのような女性と普通の男がつき合えば長く続きません。また、このような女性がDVの素質を持っている男とつき合うと、DVにあうのです。

もしあなたの恋愛が長く続かなかったり、DVを受けてはかりいるなら、これまでの自分にも原因があるかもしれません。DV男と別れる必要はありますが、同時に自分の過去を振り返って、分析してみる必要もあるでしょう。

♥格　言♥

**距離感を調節してラブラブになるべし。**
**ダメな彼とは別れる覚悟も必要**

Rule 52

# タイプ別復縁の方法1 〜彼にダメ出しをしすぎたあなた〜

ここでは、別れに至った3つの理由ごとに、それぞれ復縁の方法を考えていきましょう。

まず多いのが、「彼にダメ出しをしすぎた」というパターン。

恋人に対して「そのままの彼でいい」と思っていなかった場合、あなたは知らず知らず彼にダメ出しを繰り返していた可能性があります。

「ここが悪いから変えたほうがいい」「これをしてはダメ」といった指図《さしず》だけでなく、「○○ちゃんの彼はこうしてくれるらしいよ」「やればできるじゃん」などといったセリフも、ダメ出しと考えていいでしょう。

相手のためを思って言っていても、これらの言葉は彼の気持ちを冷めさせるのです。

彼の気持ちを取り戻すためには、次の6つの手順を踏んでいきましょう。

## 1）一度だけ反省と謝罪のメールを送る

彼から別れを告げられたら、しつこく追いすがったり、逆になじったりする行動はとらないこと。相手の言葉を素直に受け入れ、まずは2週間、自分からのコンタクトをすべて絶ってください。

そのあとで、メールを1通出すのです。内容は「あなたはとても素晴らしい人物。でも私は最低で、いろいろと間違っていた」という反省を表したもの。そして、これまでの彼への態度に対し、心から謝ってください。

ここで、「いつかふたりで」とか「いつまでも待っています」といった、復縁したいという意図が少しでも入った言葉を入れるのは厳禁。反省や謝罪の意味がなくなるので要注意です。

たとえば、お父さんに「お父さん、最近若くてかっこいいね」と言った場合と、「お父さん、最近若くてかっこいいね」と言ったあとに「今度ハワイに行くんだけど、少しお金くれない？」と言った場合では意味が完全に変わってしまうでしょう。後者はせっかくお父さんをほめたのに、その言葉が消えてしまい、お金がほしいために言ったことになってしまう。それと同じです。

このメールの目的は、相手に少しでもいい印象を残しておくこと。返事は来ないものと覚悟のうえで出しましょう。もし彼から返事が来たとしても、それに返事を返す必要はありません。

**2）彼とすべてのコンタクトを絶って、じっと我慢**

その後、いっさいの連絡を絶ちます。半年以上、彼に連絡をしないでください。例外はありません。彼の好きなミュージシャンがライブをやることがわかっても、彼の住んでいる場所で大地震があっても、車が壊れて彼しか直せないと思っても、連絡をしてはいけません。

その間彼は、あなたを思い出すと同時にあなたのダメ出しもいちいち思い出し、そのたびに不愉快になっているはず。こうしたマイナスの感情を、半年間の沈黙でリセットするのです。

時間がたつにつれて、嫌な記憶が薄れていき、逆に、楽しかった思い出が自然と思い出されてくるもの。つらい時期ですが、ここはぐっと我慢です。感情のコントロールが苦手な人は、Ｒｕｌｅ23を参考にしてください。

ただし彼が、同じ職場やグループ内にいて、どうしても会ってしまうケースもあるでしょう。こんなときは、無視したり逃げたりしてはダメ。会っているときは普通の仲間と同じように接して、「私は反省しています。今後はあなたにもう害を与えません」というスタンスで会いましょう。そうしないと、「私はあなたを恨んでます」という間違ったメッセージが伝わってしまうかもしれません。

### 3）彼から連絡が入ったら、数日後にメールを返してOK

半年間の沈黙中に彼からメールが入ったら、もちろん返信してかまいません。ポイントはすぐに返すのではなく、数日たってから送ること。気合いが入りすぎて、長いメールを出すのはNG。彼が30文字ならあなたもそのぐらいにするのがベストです。

また彼が日常生活にまつわる質問をしてきたら、あなたも質問メールを返して大丈夫です。内容も彼のテンションに合わせましょう。何気ない内容なら、何気ない内容を返します。

ここで、内容に迷ったら、次のことを考えましょう。彼からのメールは、嫌な記憶が薄れ始めたサイン。再び、悪い印象を与えないように注意し、あなたのよい印象だけを彼に与えていきます。

たとえば、ふたりの楽しかったエピソードを盛り込んでもいいですし、あなたの見た目を彼が気に入っていたなら、「先月、北海道に行ってきたの」などと、あなたの超写りのいい写真を添付してもＯＫです。やりとりの頻度も彼に合わせましょう。彼から連絡が来なくなったり、気のない内容になったなら、自分からの連絡もやめます。

### 4）半年が経過！　さりげなくメールを送ってみましょう

半年間待っても彼から何のアクションもなかった場合。さりげなく、近況を書いたメールを送ってみましょう。クリスマスやバレンタインデー、彼の誕生日も絶好のチャンスです。

ただし、あなたの誕生日や、ふたりの記念日はＮＧです。それはあなたにとってだけ重要だからです。このさりげないメールは、彼のテンションを確かめることが目的ですので、変に期待してはいけないし、不安になる必要はありません。

彼から返信があったら、その内容やレスの速度などから彼のテンションを判断し、次の手を考えます。内容が好意的だったり、文章がいつもより長かったり、すぐに返事が来たりした場合、あなたへの不快感はかなり緩《ゆる》んでいるはず。3を参考にメールのやりとりを続けていきましょう。

返事がすぐに来なかったり、素っ気なかったりしたら、また2～3週間おいてからメールを送ります。それで返事が来なければ、あるいは再び素っ気なかった場合は、まだあなたによい印象がありません。彼のテンションが高まるまで、さらに半年間、沈黙を続ける必要があります。

**5）感情に流されずに、彼からの誘いを誘導する**

彼といい感じでつながっていると、「会いたい」「もう一度つき合って」と言いたい気持ちがわいてくるもの。でも、ぐっと我慢。彼から「会いたい」と言ってくるまで、楽しくメールのやりとりを続けます。彼のテンションを上げるメールテクニックは、Ｒｕｌｅ43を参照してください。

**6）以前よりバージョンアップした自分でデートに臨む**

彼が再び「会いたい」と言ってきたら、復縁の大きなチャンス。この機会をモノにするためには、まず沈黙している間に綺麗になっておくことが重要です。

また、３で言ったように、彼によい印象だけを与え、過去の悪いエピソードを思い出させないことも大切。たとえばあなたが何気なく芸能人をけなしたとき、彼はかつてダメ出しをしたあなたを思い出すかもしれないので要注意です。

またあなたは、かつて彼が感じただろうよい面を見せる必要があります。そしてデートでは彼に何も求めないのがポイント。以前よりも可愛らしく、おしゃれになったうえに、相手に気づかいのできる「よりバージョンアップしたあなた」を見せることに力を注ぎましょう。

最後に、正式に「つき合いたい」と言われる前にセックスをすると、すべて台無しになることを忘れずに。

♥格言♥

**ダメ出しの記憶をリセットしたら**
**バージョンアップしたあなたをアピールせよ**

Rule 53

# タイプ別復縁の方法2 ～彼に尽くしすぎて飽きられたあなた～

彼に尽くしすぎて、飽きられて振られてしまったあなた。「あんなにがんばったのに」と、大きなショックにおそわれていることでしょう。

男は女性から尽くされ、一方的に愛情を告げられると、その女性を忘れてしまいます。Rule7でも述べましたが、「人は手に入った距離にあるものを忘れる」のです。女性としてのあなたを忘れ、さらにあなたの存在そのものを忘れます。

彼自身も、自分の気持ちがなぜ冷めたのかがわからないことがあります。あなたがそこまで尽くしたのに、自分はなぜテンションが上がらないかがわからないのです。だから、そのとき「もっと怒ってほしかった」「もっと本音でぶつかってほしかった」と言ったりします。

でも、もしあなたが彼に怒ったり本音でぶつかったなら、彼の心はさらに冷めたでしょう。彼自身も「男は尽くされると相手のことを忘れ、興味を失ってしまう」ということを知らないのです。

ただ、多くの場合、尽くしすぎたからといって別れは起きません。別れに至るには、それに加え、次のふたつのどちらかが起きているはずです。

**1）彼に忘れられたあなたが不安になって、彼にもっと私のために時間を取ってほしいと束縛したり、メールを何度も送ったりすることで、彼がだんだんあなたをうっとうしく思うようになる。**

**2）あなたを忘れている彼は、無意識にほかの女性を探し、見つけ、それが別れにつながる。**

1の場合、結局は彼にダメ出しをして別れたのだから、Ｒｕｌｅ52と同じ方法で復縁を狙うのが正解です。

別れを告げられたら、すぐに相手の言葉を受け入れ、離れてください。もしあなたが彼にダメ出しをしたならそれから2週間後、謝罪の連絡をしますが、ダメ出しをそれほどしていない場合、謝罪の連絡をせずそのままＲｕｌｅ52の2以降を行います。

気をつけるべきポイントは、Ｒｕｌｅ52の2〜5のステップを行っているときに、「彼の手に簡単に入らないようにする」こと。

2の場合、彼に好きな女性がいるときは何をしても無駄。でも、最初は新しい相手に心を奪われていても、徐々に悪いところも見えてくるし、飽きてきます。すんなり別れを受け入れ、彼が相手に飽きたり、ストレスがたまったり、振られたりするタイミングを待つのです。

僕の経験から言うと、別れてから1年後に相手から連絡が来ることが多いです。1年たって、やっと新しい女性が新しくなくなるわけです。

まずは1年間連絡を絶ちましょう。それでも連絡がなければ、Ｒｕｌｅ52の4以降を行います。

♥格言♥

**大きく距離を置いて沈黙し、恋人として再エントリーせよ！**

Rule 54

## タイプ別復縁の方法3 ～彼に結婚を強く迫ったあなた～

結婚は多くの男にとって、荷が重すぎる契約です。

男は基本的に、女性の体にしか興味がありません。「一瞬の快楽と引き替えに一生面倒を見るなんて割に合わない！」と無意識に感じています。また、たとえ「居心地のよさ」を感じても、その見返りに一生を一緒にすごすなんてとてもじゃないけど、やっぱり割に合わないと思ってしまいます。だから、女性が結婚のプレッシャーをかけた結果、男に別れを告げられるパターンは多いです。

直接結婚のプレッシャーをかけなくても、何年もつき合っていたり、あなたの年齢が結婚適齢期をすぎていたり、彼やあなたの両親が結婚を迫ったり、彼やあなたの転勤が間接的にプレッシャーになることはよくあります。

男があなたとの結婚を考えて、別れを選んだ場合の復縁は、もっとも難しいと言ってよいでしょう。彼は、あなたのいいところも悪いところもすべて知ったうえで、結婚と別れを天秤にかけ、別れを選んでいるからです。

復縁するために、たとえあなたが「結婚してくれなくていいから」と言ったとしても、彼はあなたが本当は結婚したいことを、よく知っています。そんなあなたと、結婚する気もなくつき合うことに罪悪感を抱いてしまいます。

また、あなた自身が「結婚したい」と強く思うなら、可能性が少ない彼との復活に時間をかけている余裕があるのでしょうか？　自分の人生設計を、この機会に考えてみるのもいいと思います。

それでも彼とヨリを戻したいなら、以下の5つのステップを試してみてください。

**1）〝沈黙〟により結婚のプレッシャーをリセット**

彼から別れを切り出されたら素直に受け入れ、半年間、自分からの連絡をいっさい絶ちましょう。彼が友達としてつながっていたいと言っても、その言葉にはOKし、でも自分からは連絡をしません。沈黙することで、あなたが彼に与えていた結婚へのプレッシャーを忘れさせるのです。人は、手に入ったものに対してはマイナス面を見ようとし、手放したものに対してはプラス面を見ます。距離を置くことで「本当に手放してよかったのだろうか」と考え直してもらいます。

**2）メールを送って彼のテンションをうかがう**

半年後、「最近どうしてる?」といった、何気ないメールを送ってください。彼から返事が来たら、1日以上置いてから返事を出します。このとき、メールの様子から彼のテンションを推し量り、それに合わせていくことがポイントです。このときのテクニックはRule52の4を参照してください。

**3）別れの理由を徹底的に分析**

数ヵ月の沈黙の間に、なぜ彼が別れを選んだのかを、認識することも大切。彼と再び交流が始まっても、以前のあなたのままでは、結婚にまで至るのは難しいでしょう。彼が結婚を考えて別れを選んだなら、その理由は次のどれかに当てはまっていることがほとんどだと思います。

**a）あなたの女性としての価値**

たとえば、最初から遊び目的だった、カジュアルなつき合いが目的だったという場合、結婚という言葉に彼はすぐに冷めてしまいます。また、最初からあなたと結婚する価値なしと思っている男性もいるでしょう。あなたとの長いつき合いの中で、あなたに冷め、でも別れるのが面倒だから何となくつき合っていたという男性もいるでしょう。

**b）夢、仕事**

彼の仕事が不安定なら、仕事を安定させることしか考えられません。彼が夢を追いかけているなら、その夢の足かせとなる結婚を考えられません。

**c）彼自身の価値**

彼がまだまだモテると思っていれば、彼は結婚を決意しにくいでしょう。彼にほかの恋人候補がいる場合も、彼は別れを選ぶでしょう。

**d）居心地が悪い**

結婚生活が楽しいと想像できないなら、彼は結婚を考えないでしょう。結婚は人生の墓場とよく言いますが、その墓場にわざわざ入りたがる男性はいません。あなたがダメ出しや要求をしすぎたり、話が合わなかったりすれば彼は結婚を躊躇《ちゅうちょ》するでしょう。

ほとんどの場合、この中のひとつか複数が、彼が別れを選んだ理由だと思います。

**4）分析をもとに行動する**

ａの場合：最初から遊び目的だったり、あなたに結婚する価値がないと思っていたなら、あなたは彼をあきらめたほうが無難です。それでもどうしても彼しかいないと思うなら、半年沈黙をし、そのあとはＲｕｌｅ52の2以降を行ってください。モラトリアムにつき合っていた場合は、Ｒｕｌｅ53を参考に行動しましょう。

ｂの場合：彼の夢が叶うか、彼が夢をあきらめるか、そして彼の仕事が安定するまで、彼は結婚を考えられないでしょう。その間は別れ、薄く友達としてつながっていましょう。半年間彼から連絡がなくても気にしません。これも先の見えない長い時間タイミングを待つ必要があります。

ｃの場合：これも時間がたてば状況が変わることがあります。彼が大失恋したり、彼が新しい恋人とうまくいかなくなったときあなたを思い出すかもしれません。

ｄの場合：Ｒｕｌｅ52を参考にしてください。

**5）再会し、〝自分こそかけがえのないパートナー〟だと思わせる**

彼から「会いたい」と言ってきたら、復縁のチャンス。せっかくの好機を、「もう一度つき合いたい」と復縁の意図を見せることで台無しにしないでください。彼の性格や考え方への知識と、努力して磨いた外見などを総動員して、「自分こそかけがえのないパートナーだ」と感じさせるのです。

デートの終わりに、彼が「次もまた会いたい」と言ったら、復縁の可能性は高まりますが、安心してはいけません。まだ彼のテンションを高める努力に徹してください。

彼が再びつき合いたいと言ったとき、あなたは言わないといけません。「私と復縁するということは、結婚するということになる」と。

彼が結婚する気はないと言った場合、彼をあきらめほかの男を探すか、結婚をあきらめ彼と不安定な関係を続けるかの選択を迫られます。

もうひとつ。正式につき合うまでセックスをするのは絶対にNGです。これは復縁を成功させるために、とても重要なことです。

♥格言♥

**彼の生涯のパートナーとしてふさわしい女性になっておけ！**

# 文庫版　おわりに

僕は、恋愛専門ドットコム（http://www.rennai-senmon02.com）というサイトを主宰していて、そこで日々、女性の恋愛相談にのっています。これを執筆している現在、一カ月に約450万PV（ページ・ビュー）のアクセスがあり、おかげさまで日本最大級の恋愛相談サイトになっています。このサイトでもっともよくある質問が、「今、窮地に立たされています。具体的に何をすれば状況が好転するのか、すぐに教えてください」というものです。

恋愛力を高めたいでも、男性の心を知りたいでもなく、目の前の問題を今すぐ解決したいわけです。

実際に、問題が起きた時、なるべく早く適切な行動をとるのはとても大切です。なぜなら、復縁でも、片思いでも、間違った行動をし続ければし続けるほど、相手の心をつかむことの出来る可能性が下がってしまい、打つ手がなくなっていくからです。また、肝心な場面で間違えた行動をとると、手遅れになってしまうこともあります。たとえば、男性に振られたら、ほとんどの場合、あっさりと受け入れ、ただちに沈黙すべきです。でも、それを知らず必死ですがりついたり、連絡をし続けているうちに、相手に心の底からうんざりされ、あるいはただキープされるだけになり、復縁がとても難しくなったりするのです。

ですので、今何か問題に直面しているなら、「とにかく、今すぐ正しい行動をとるべき」となります。

この本は、恋愛について何も知らない女性でも、今すぐ正しい行動をとれるように書かれています。あなたが迷った時、自分に合った項目を見つけ出し、そのルールに従って行動すれば、状況は好転するでしょう。何かトラブルが起きたり、恋人が何を考えているのか分からなくなったりした時には、とにかく何もせず、まずこの本を読むことで最悪の事態は避けられるはずです。

「はじめに」でも書きましたが、全てのマニュアル本において、マニュアルを作った人に想定外の出来事が起きれば、対応できませんし、逆効果になることがあります。このルールブックでは、それを避けるためＲｕｌｅ１から順番に読んでいくことで、男性がどういう生き物か、基本的にどのような駆け引きをすべきか、が分かるようになっています。その原理がわかればルールにないことにも対応できるようになっていくでしょう。

さて、最後のこのルールブックを読むことで生じると予想される心の変化について述べます。少し前、ＮＨＫ教育テレビで、「ハーバード白熱教室」という番組を観ました。そのなかで政治哲学者マイケル・サンデル教授は、「人はいったん新しい視点を得ると、世の中の見え方がまるで変わってしまう。一度変わってしまうと、二度と元に戻ることはできない」という内容の話をしていました。それと同様に、僕の本を読んだ人は、恋愛に対する価値観が完全に変わってしまう可能性があります。恋愛は「甘くて、切なくて、純粋なもの」と思っていたのに、そうではないことを知ってしまうのです。

たとえば、男性は自分の利益しか考えておらず、駆け引きや、裏切りを平気でする。また、男性は時に「誠実でその男性のことを真剣に思っている女性」より「見た目が良かったり、男性を苦しめ、振り回す小悪魔な女性」に惚《ほ》れてしまったりする。この本を読んだ方々は、そこに理不尽を感じなくなっていく、というようなことが起きてきます。

それゆえ、僕の本で、恋愛が思い通り出来るようになった女性の一部は、それと引き換えに恋愛に冷めてしまうことがあるのです。男性の優しい言葉は鵜《う》呑みに出来なくなり、自分のしようとしていることが、押しつけがましい一方的な愛であることにも気づいてしまう。この本を、読み終えたあなた、実践しているあなたは、もしかしたら、そういう感覚になっているかもしれません。

でも安心してください。その新たな視点が作り出す冷めた感情は、時間とともに、やさしさに変わっていくはずです。男性が、あこがれの存在から、弱さをもった普通の人間だと分かります。自分自身の中にある弱さやエゴにも気づくでしょう。相手にどう期待するか、どのように接するかが分かり、強い執着はなくなり、相手を恨むことなく、良い関係を築けるようになるでしょう。

それは大人の恋愛で、成熟した恋愛で、自分も相手も不幸にしません。途中で、投げ出してしまわない限り、やがては、そうなることを約束します。

これを読んでいるすべての人が、より良い恋愛が出来るよう応援しています。

本書は、2009年7月に刊行された『恋に泣かない女になる61のルール』(講談社)を文庫化にあたり、再編・改題したものです。

編集　藤掛けいこ
構成　萩原はるな
島田彩子
(スタープレス)

ぐっどうぃる博士―理学博士。恋する女性の悩みに答える超人気サイト「恋愛専門ドットコム」(http://www.rennai-senmon02.com/)の主宰者。自身の体験と生命科学の視点に立った独自の恋愛メソッドを展開。悩める女性の強い味方として、WEBや雑誌、書籍を中心に活躍中。著書には『あきらめきれない彼を手に入れる恋愛の極意』『運命の彼を引き寄せる恋愛の極意』(以上、大和出版)、『恋愛マトリックス』(ソフトバンク　クリエイティブ)、『男が「本当に考えていること」を知る方法』(王様文庫)、『「出会いがない」が口ぐせのあなたへ』(幻冬舎)などがある。

講談社+α文庫 思《おも》い通《どお》りにならない恋《こい》を成就《じょうじゅ》させる54のルール

ぐっどうぃる博士《はかせ》


2010年11月20日第1刷発行
2014年 3月24日第4刷発行

発行者――――鈴木 哲
発行所――――株式会社 講談社
東京都文京区音羽2-12-21 〒112-8001
電話 出版部(03)5395-3529
販売部(03)5395-5817
業務部(03)5395-3615

カバーイラスト――平林けいこ
デザイン――――鈴木成一デザイン室
カバー印刷――――凸版印刷株式会社
印刷――――図書印刷株式会社
製本――――株式会社国宝社

落丁本・乱丁本は購入書店名を明記のうえ、小社業務部あてにお送りください。
送料は小社負担にてお取り替えします。
なお、この本の内容についてのお問い合わせは
生活文化第二出版部あてにお願いいたします。
Printed in Japan ISBN978-4-06-281400-3
定価はカバーに表示してあります。

## 講談社+α文庫 Ⓐ生き方

- おそうじ風水でキラリ☆幸運になる！　林　秀静
  トイレは金運、風呂はモテ運。モノを捨てて大開運。人気著者が説く「運は見た目が大切！」　552円　A 119-1
- *「もてスリム」ダイエット　読むだけでやせる！　戸田晴実
  夕食はご飯をやめてステーキを！　モデルも実践！　脂肪をためない科学的ダイエット！　552円　A 120-1
- つきあいベタでいいんです　気疲れしない交際術　平野恵理子
  友達は少ないほうです。だからこそ、大切に末永くつきあうための小さな心配りが必要　571円　A 121-1
- 魂にメスはいらない　ユング心理学講義　河合隼雄　谷川俊太郎
  心はなぜ病むのか、どうすれば癒えるのか、死とどう向きあうか。生の根源を考える名著　800円　A 122-1
- 昔話の深層　ユング心理学とグリム童話　河合隼雄
  人間の魂、自分の心の奥には何があるのか。ユング心理学でかみくだいた、人生の処方箋　940円　A 122-2
- 明《みよう》恵《え》 夢を生きる　河合隼雄
  名僧明恵の『夢記《ゆめのき》』を手がかりに夢の読み方、夢と自己実現などを分析。新潮学芸賞を受賞　940円　A 122-3
- 「老いる」とはどういうことか　河合隼雄
  老いは誰にも未知の世界。臨床心理学の第一人者が、新しい生き方を考える、画期的な書　640円　A 122-4
- 母性社会日本の病理　河合隼雄
  「大人の精神」に成熟できない、日本人の精神病理、深層心理がくっきり映しだされる！　880円　A 122-5
- カウンセリングを語る㊤　河合隼雄
  カウンセリングに何ができるか!?　第一人者による心の門題を考えるわかりやすい入門書　840円　A 122-6
- カウンセリングを語る㊦　河合隼雄
  心の中のことも、対人関係のことも、河合心理学で、新しい見方ができるようになる！　780円　A 122-7

*印は書き下ろし・オリジナル作品

表示価格はすべて本体価格（税別）です。本体価格は変更することがあります